U0789813

《创业生存挑战——创业实训》项目教师手册

樊 琪 主编

黄河水利出版社
·郑 州·

内 容 提 要

《创业生存挑战——创业实训》是围绕 SIYB 创业培训项目——创业意识(GYB)培训部分而开发的后续实操训练项目。为规范教学管理,强化创业实训课程教学效果,根据 SIYB 创业培训体系目标要求编写了本教师手册。

本手册是开展创业实训课程教学工作工具用书及创业实训师资培训的基本教学用书。

图书在版编目(CIP)数据

《创业生存挑战——创业实训》项目教师手册/樊琪主编.—郑州:黄河水利出版社,2019.5

ISBN 978 - 7 - 5509 - 2343 - 0

Ⅰ.①创… Ⅱ.①樊… Ⅲ.①创业 - 高等学校 - 教学参考资料 Ⅳ.①F241.4

中国版本图书馆 CIP 数据核字(2019)第 077796 号

组稿编辑:张倩 电话:0371 - 66026324 E-mail:995858488@qq.com

出 版 社:黄河水利出版社

网址:www.yrcp.com

地址:河南省郑州市顺河路黄委会综合楼 14 层 邮政编码:450003

发行单位:黄河水利出版社

发行部电话:0371 - 66026940、66020550、66028024、66022620(传真)

E-mail:hhslcbs@126.com

承印单位:河南新华印刷集团有限公司

开本:850 mm × 1 168 mm 1/32

印张:5.875

字数:147 千字 印数:1—1 000

版次:2019 年 5 月第 1 版 印次:2019 年 5 月第 1 次印刷

定价:30.00 元

编审委员会成员

张　琳　刘银来　何　敏　刘银环
刘旭明　单　军　高亚松　郭巧玲
国　晖　杨　光

主　编　樊　琪
副主编　李雅文　王小斌　朱东方　王　凯
郭新军　郭晓彪

前　言

德鲁克说过:创业既不是科学也不是艺术,创业是一种实践。

1998 年 12 月 24 日教育部发布的《面向 21 世纪教育振兴行动计划》标志着我国创新创业教育正式拉开序幕。近年来,在高校毕业生人数持续增加、经济下行压力较大、就业结构性矛盾突出的多重压力下,虽然高校毕业生就业创业工作取得明显成效,但毕业生就业创业形势依旧不容乐观。尽管国家和各级政府在培训、资金、孵化等方面采取多种措施,但由于创业培训方法不够完善、针对性不强,大学生真正实现成功创业的并不多,2018 年大学生就业形势分析报告显示,中国大学生创业成功率仅为 2%。

近几年,随着互联网时代的到来,移动支付、在线订单、现代物流等借助现代网络科技营销手段的应用,商业模式不断创新……创业过程遇到了更多不可预知的挑战,创业成功的不确定性因素越来越多,创业案例的普适性已经不能满足不同创业项目的需求,且与创业理论相关的模型对一个没有什么社会经验的学生来说是很难理解的,我们应当采用什么教学方法才能让学生领悟创业的真谛并逐步走向成功?

创业是什么?创业是一门做试验的学问——即在尝试新事物的过程中学习、提高、探索。作为一名从事 SIYB 创业培训教学多年的教师,带着这个理念,作者组建了团队,开始设计以在校大学生群体为主体的《创业生存挑战——创业实训》项目,该项目作为 SIYB 创业培训的一种实践模式,将其作为开展"试创业"实践活动的重要形式。因此,作者将课程定位为"初创试验",即浓缩版的创业活动。

《创业生存挑战——创业实训》项目理论的支撑主要体现在以下几个方面:一是对大学生而言创业试验是创业的出发点;二是根据舒伯生涯发展理论,结合大学生年龄特点,因人施教、因材施教,设计符合大学生生涯发展规律的教学体系才是做好教学的基础;三是打造良心企业、百年企业,创业动机和职业价值观将是统领创业者的行动方向和行动指南。正如蒂蒙斯所说,创业“不仅意味着创办新企业、筹集资金和提供就业机会,也不只等同于创新、创造和突破,而且还意味着孕育人类的创新精神和改善人类的生活。”

无论是创业理论,还是创业典型人物的案例,只有贯穿在创业中才能真正成为自己的技能,它不仅需要创业理论做行动指南,更需要在这个岗位上去实践、去体会,才知道理论和真理是什么,才会将理论贯彻到自己的思想上。李克强总理说过:喊破嗓子不如甩开膀子。因此,在体验创业的过程中就要让学生学习自我觉察、自主行动和自我感悟,使学生在创业体验的过程中能充分地了解自己,了解创业理论知识,提高自己的创业能力,从而为成功创业做好充足的准备。

由于时间紧迫,加之作者水平有限,书中难免存在不妥之处,恳请广大读者批评指正。

作　者

2019 年 4 月

目　录

创业实训项目教学方法

一、行动导向教学法的起源

行动导向教学法由英国的瑞恩斯(Reginad Revans)教授在20世纪60年代首先提出,随后在世界各国得到广泛的推广和应用。该方法有利于提高学习效率,同时也是一种处理复杂问题的有效方法。

二、行动导向教学法的含义

行动导向教学法,是一种基于实际工作的教学方法,是以活动为导向,以人的发展为本位的全面提高学生综合能力的职业教学方法。联合国教科文组织《国际教育标准分类法》对教育进行了重新定义,将"教育是有组织地和持续不断地传授知识的工作"改为"教育被认为是导致学习的、有组织的及持续的交流。""学习"是指个人在行为、信息、知识、理解力、态度、价值观或技能方面的任何进步与提高。"交流"是涉及两个或更多人之间的信息(包括消息、思想、知识、策略等)转移关系。因此,教育不再局限于单向的传递,更是一种双向的互动。行动导向法以学习理论为基础,强调行为实践对学习的实际体验指导,寻求学习的最佳效果,而它所追求的教学目标以学生的行为表现为标志。

三、行动导向教学法的步骤

（一）课前准备

教师于课前做好充分的准备，如：教学设备的准备、多媒体课件的准备、教学任务书及相关工具的准备、学生组内分工的设计准备、学生完成任务所必需的材料准备等。

（二）布置任务

教师提前给学生下发任务，并以简洁的语言陈述这节课的任务，任务包括主题、时间、地点、具体任务、注意事项等。

（三）任务完成

这个阶段是行动导向教学法的主体部分。教师指导学生掌握完成任务的基本思路、方法后，按不同学生对课程内容的理解程度、小组协作情况，给予有针对性的辅导，帮助完成既定任务。

（四）展示学生成果

教师引导学生对成果进行讨论，找出规律特点，注重引导学生总结经验和教训，并对学生做出积极的评价。

（五）询问与反思

团队代表对小组进行访谈，收集和评估观点，通过牵连的、移情作用的多种输入因素，以获得事物新的观察视角。同时，通过学生的回顾和思考、讨论和陈述，要求他们评估这些内容的实用性，并思考如何将之运用于自己的工作实践。

四、行动导向教学法的应用

行动导向教学法不是指某一种具体的教学方法，而是由一系列教学方法及技术组成的。本书中使用的其主要内容包括行动实践法、讲授法、游戏法、练习法等。其中，讲授法、练习法与其他类别的教学相近，穿插于各个模块中，本部分不再赘述。

这里主要介绍游戏法和行动实践法。

游戏法:是在教室内为学生创造模拟的环境,全体学生在规则的约束下,一起参与的一种集体活动。提前准备好游戏道具,将学生可能出现的情况在游戏中放大,以便产生冲突。学生们通过游戏活动来实践之前学过的理论和原则。游戏氛围有趣、活跃,能吸引学生积极主动参与,通过竞争、合作体验知识技能的应用,创造自主学习的意愿,是一种非常好的动态学习工具,它使学生能感受企业决策的过程和结果。本书的游戏是专门设计的,具有自主知识产权专利,它是一种特殊的角色扮演形式。

行动实践法:是以学生实践为核心,通过理论知识的学习后自行决策,并为这种决策承担现实的后果。包括计划、组织、融资、进货、销售、反思分享等一系列实践活动。结合 SIYB 课程,达到理论与实践的有效结合,有针对性地提升大学生的创业能力。在教学中教师与学生互动,让学生通过"独立地获取信息、独立地制订计划、独立地实施计划、独立地评估计划",在自己"动手"的实践中,掌握创业技能、获得创业知识,从而构建一个自己独有的思维导图和理论体系。

五、行动导向法的基本意义

《如何教创业——基于实践的百森教学法》中提出"我们意图用一种基于行动的方法来推进面向所有类型学生的创业教育,这种方法建立在一系列特定的实践之上。"

(1)"行动导向"教学,让学生即学即用,激发和培养学生的学习兴趣。采用"行动导向"教学,可以变抽象为具体,变枯燥为有趣,让学生乐于去操作,进而掌握知识。当学生完成了某一任务后,内心就会产生一种成就感,一种喜悦感,一种冲击力,这种力量不仅增强了学生的自信心,还提高了学生学习知识和技能的兴趣。

(2)"任务"贯穿始终,让学生在讨论任务、分析任务、操作完成任务的过程中顺利建构起知识结构。

(3)因材施教,突出培养学生的实践能力和创新能力。

(4)本教法是按照"实践→分享→交流→整合→应用"这样一个学习圈而展开的。它强调教师的引导,小组成员之间的讨论,相互之间的信任和帮助,紧密地依靠团队的协作,使每一个人都能完成任务,在这个过程中人人都得到感悟和提高,而不是传统教授知识的教学方法。因此,它的教法和学法,完全是自主、探究、合作和创新的,反思和评价的方式方法也与过去的不同,它的目标是让学生自我觉察、自我认知、自我改善,它能有效地促进学生的身心健康发展,更能调动起他们对未知事物探索的积极性,激发他们的学习乐趣。

创业实训项目推介

课题描述

本环节是创业培训的开始部分，虽然仅有25～30分钟，但作为创业实训的开端，有着非常重要的作用。该部分是团体辅导“起承转合”中“起”的部分，能让学生对整个课程有一个初步的整体印象，了解课程时间和目标安排，同时完成学生对老师的接纳过程。

教学目标

(1)通过暖场活动了解、接纳彼此。

(2)激发学生参与的热情。

(3)复习回顾GYB课程学习重点。

(4)了解项目的发展前景、教学目标及实训规则。

(5)约定学生签到及课程纪律。

教学重点

(1)激发学生热情、主动参与的积极性。

(2)计划为模块四产生一个切实可行的企业想法。

(3)实训规则介绍。

教师课前准备

(1)准备60张1/4 A4纸大小的卡纸。

(2)纸、笔、教材及暖场用的道具。

(3)考勤机和纸质签到表。

(4)落实投影及电脑,做好卡片,防止停电。

学生课前准备

(1)引导学生指纹签到和纸质签到,补录指纹信息。

(2)直联班学生提前分组、建立班级微信群,每个学生把群昵称修改为"序号+姓名+组别"。

教学方法

(1)游戏法。

(2)讲授法。

实训任务

(1)通过暖场活动,使老师和学生能够相识相亲。

(2)通过案例让学生产生创业愿望。

(3)了解课程整体结构和实训规则。

实训步骤

一、破冰游戏

每个老师要准备3~5个小活动(课前10~15分钟)。

二、讲师自我介绍

要求:

(1)上课穿正装;

(2)自我介绍要有个人照片,要说明自己能如何帮助学生。

原理:

(1)穿着正装:一是能说明教师对待教学工作的严谨态度;二

是合体的正装穿着能为学员起到一个良好的示范作用；三是教学礼仪的需要。

(2)自我介绍：一是个人形象展示；二是罗列自己的教学成就或荣誉，拉近与学员的距离，激发学生对知识的需求。

三、课程简介(10～15分钟)

(一)重要意义

《“十三五”促进就业规划》明确提出，到2020年要实现“创业环境显著改善，带动就业能力持续增加”。国务院李克强总理2017年7月主持召开的国务院常务会议指出，“深入实施创新驱动发展战略，把‘双创’推向更大范围，更高层次，更深程度，有利于保障和扩大就业，优化经济结构，加快新旧动能转换，提升国民经济竞争力，具有重要意义”。随着国家创新驱动发展政策的出台，社会对创新性人才的要求也越来越高，大学生作为“双创”发展战略的生力军，承担着国家可持续发展的重担。因此，对提升大学生综合素质和能力的呼声也越来越高。企业要求学生不仅要掌握扎实的专业知识，还要求具有较强的实践能力。《创业生存挑战——创业实训》课程正是以此为目的而设计的大学生创业实训课程，并为此提供了重要支撑。

(二)发展任务

这个阶段发展的任务是：使职业偏好逐渐具体化、特定化并明晰职业偏好。这个阶段共包括三个时期：一是试探期(15～17岁)，二是过渡期(18～21岁)，三是试验并稍作承诺期(22～24岁)。其中，过渡期主要考虑需要、兴趣、能力及机会，作暂时的决定，并在幻想、讨论、课业及工作中加以尝试，进入就业市场或专业训练，更重视现实，并力图实现自我观念，将一般性的选择转为特定的选择。

（三）GYB 课程的学习

GYB 课程主要是帮助学员客观地评估自己的创业素质，激发创业意识，获得切实可行的创业想法。从了解企业想法的概念和构成入手。即：你的企业提供什么样的产品或服务、向谁提供产品或服务、如何提供产品或服务，以及满足了用户的什么需要。再对自己的创业素质和能力进行评估。然后通过头脑风暴法调查你所要创业地区的企业、环境，利用经验、互联网等方法产生企业想法。最后使用四维评估、SWOT 分析、实地调研、环境评估等方法或工具对产生的企业方法进行验证。

（四）创业生存挑战介绍

针对在校大学生的职业生涯年龄阶段的特点和实际需求，围绕活动、以实战为主线研发 SIYB 创业实训课程项目。该项目重点强调了创业过程的体验、实践和反思，将创业过程可能出现的各种问题以实战形式直观地展现出来，并引导同学们领悟创业的基本规律，全面提升创业者的素质和创业胜任能力。

教学提示：

（1）这段可增加相关视频来佐证本项目的创新点、学员素质和能力的提升。

（2）添加一些领导视察的图片、学生活动图片。

（3）附学生一些心得分享。

（五）教学目标（18 小时 24 学时）

1. 个人素质提升

（1）了解自己的性格特点，并接纳自己。

（2）自我发现自己的优缺点，并进行自我调整；

（3）提升学生社会责任感。

教学提示：可以运用案例举例说明。

2. 创业能力提升

通过创业生存挑战项目，学会创业理论基本知识，强化学生创业意识，激发创业热情，提高创业能力，坚定创业信心，增强社会责任。

教学提示：可以运用案例举例说明。

3. 综合修养提升

(1)学生通过项目培训，在沟通交流、团队合作、处理相应社会问题方面的能力得到进一步增强。

(2)学生通过生存挑战，增强挫折耐受力，积累社会生存技巧，并掌握必要的应急处理方案，使生存能力得到锻炼和提升。

(3)培养创新意识和自立、自强精神。

注：利用冰山理论给学生讲解。

(六)课程简介及安排

课程内容：三天创业培训课程标准模式，课时为24课时(45分钟/课时)，采取集中授课、游戏体验、实际演练相结合的方式。

模块一评估自我，组建团队：着重阐述创业者个人的性格对创业成功的影响，以及搭建创业团队的构架，具体分工并最终组建团队。

模块二项目筛选，营销演练：重点通过情景化设计，模拟市场环境，引导学生进行市场调研和销售演练，帮助学生制订切实可行的创业计划。

模块三论证计划，谈判融资：重点通过模拟投资人的投资行为，论证创业计划内容是否符合市场运作要求。

模块四创业体验，生存挑战：是本课程的教学核心，是对学生语言表达能力、沟通能力、心态把控能力、心理承受能力、应变能力、销售能力等创业能力和素质的全面考察。

模块五实战反思，自我完善：是创业过程的全面诊断和反思，帮助学生重新认知自我、找出不足、理清创业思路，确定自己是否适合创业，以及自己选择的项目是否切实可行。

模块六角色定位，个性展现：是帮助创业者明确在创业过程中除需要知识和技能、资金等表象的内容外,更重要的是要激发出学生隐藏在自身中深层次的素质和决定创业成败的动机、人格、价值观等创业动力因素。

四、整个活动分工简介(1.5分钟)

(1)为保证本次创业实践过程顺利进行,本次课程学习教师的角色就是导演,将遵循市场规律和课程规则,把握课程节奏,设置情景,使学员得到充分体验;学员的角色将是创业团队的管理人员、创业团队的职员、供货商、销售员……他们可以自主经营,自主管理……

(2)本次创业实训教学活动学员分三类岗位:一是助教;二是监督员;三是创业团队成员。

这三类岗位主要工作职责如下:

助教:协助教师完成各项活动任务,并学习相关知识,根据学生情况帮助其更快成长。同时,他们还需根据课程设置充当市场管理员或供货商角色,负责在创业生存挑战活动中帮助企业老板理货,检查企业老板的进货产品厂家的资质,监督企业老板所供产品的质量;利用所学知识帮助团队成员提升销售技巧,鼓励团队成员;相关企业直接为实训课程供货时,需要与厂家进行沟通、谈判和协商。

监督员:负责监督挑战团队挑战过程中资金流向,记录销售情况;观察挑战团队在销售过程中的典型案例,并拍照或录像,制作汇报课件(PPT等);室内课监督团队成员出勤、上课发言,室外课监督挑战团队成员的安全和行为,保证秩序。

创业团队:团结协作完成各模块的学习任务;通过生存挑战,使创业者体验感悟创业团队的重要性,并通过团队文化和凝聚力的构建,来提升团队成员的个人创业素质和能力;实现"试创业"成功并达成一定的赢利目标。

五、创业生存挑战活动规则简介(15分钟)

教学提示:简单介绍规则的重点,目的在于让学生对教学有一个基本了解,提前有一定的思想准备,并能很好地配合教学活动的开展。

(1)本次生存挑战活动融资形式:校方以无息贷款方式为挑战团队出资200元作为启动资金。如果挑战团队认为启动资金不足,可以采取向校方贷款或向监督员(这时的角色是天使投资人)融资的方式进行筹款。向校方贷款最高额度200元,利息为20%,融资额度不限。

(2)本次活动只允许在指定范围内(正常范围应当在本校区内)销售,超出范围视为犯规。犯规一次罚筹码2个。网络售卖,快递出校园不限制。

(3)为使各团队真实体验创业的艰辛,团队成员不得带现金、饭卡等,电子结算的需提供手机截图作为凭证。

(4)各生存挑战团队只能用销售产品的利润来安排午餐,并且中午必须为监督自己团队的监督员支付午餐费,午餐费额度依照当地消费水平确定(一般情况为5~10元)。

(5)助教兼市场管理员职责,需监督产品质量和产品企业资质。供货以外时间,助教回归团队,帮助团队销售并协助组长进行小组管理和激励。

(6)除正常成本外,使用自己物品或借用物品的需算折旧成本(如桌椅、自行车、音响等设施设备),折旧率1%。

(7)获胜团队成绩分两部分:一部分是每个模块回答问题得到的筹码;另一部分是生存挑战得到的筹码,即挑战结束时将各队的利润额/10折算为筹码,作为判定名次的标准(库存商品按进价的60%折算为现金,计入利润,最终筹码数四舍五入)。判定名次时间为整个教学活动结束时间。

(8)所有参赛队员不得中途退出比赛,由于出现本人不可控等重大特殊情况除外(原理:从一个企业合同未到期退出,必须要交经济赔偿金)。

(9)监督者在12:00、14:00、16:00 三个时间节点发布所监督小组的销售利润,前三名分别奖励 2、1、1 个筹码。

(10)活动过程中,教师负责发放彩锦囊(模拟创业过程中出现的各种不可控因素或天灾人祸),1 个筹码可以抽取彩锦囊 1 个。

(11)活动过程中注意个人的言行举止要文明,不得妨碍正常校园秩序,遵章守法,确保安全。

结束语

最后,预祝本次课程取得圆满成功,预祝每个同学能在为期三天的活动中满载而归。下面同学们休息几分钟,然后一起进入课程的教学环节。

反思总结

无。

课后作业

无。

骨干学生任务

与班长、助教建立起相互沟通的桥梁。

延伸阅读

冰山理论

美国著名心理学家麦克利兰于 1973 年提出了一个著名的素

质冰山模型,所谓“冰山模型”,就是将人员个体素质的不同表现形式划分为表面的“冰山以上部分”和深藏的“冰山以下部分”。

其中,“冰山以上部分”包括基本知识、基本技能,是外在表现,是容易了解与测量的部分,相对而言也比较容易通过培训来改变和发展。

而“冰山以下部分”包括社会角色、自我形象、特质和动机,是人内在的、难以测量的部分。它们不太容易通过外界的影响而得到改变,但却对人员的行为与表现起着关键性的作用。

(1)知识,指个人在某一特定领域拥有的事实型与经验型信息。

(2)技能,指结构化地运用知识完成某项具体工作的能力,即对某一特定领域所需技术与知识的掌握情况。

(3)社会角色,指一个人基于态度和价值观的行为方式与风格(如:你会在父母面前撒娇,但你不会在同学面前如此,你把自己定位为学生,当你去卖东西的时候,总是难以进入商人角色;当你去外面打工的时候,你难以把自己放在打工者身份上,所以不能全情投入)。

(4)自我概念,指一个人的态度、价值观和自我印象。

(5)特质(性格),指个性、身体特征对环境和各种信息所表现出来的持续反应。品质与动机可以预测个人在长期无人监督下的工作状态。

(6)动机,指在一个特定领域的自然而持续的想法和偏好(如成就、亲和、影响力),它们将驱动、引导和决定一个人的外在行动。

其中,第(1)项、第(2)项大部分与工作所要求的直接资质相关,我们能够在比较短的时间使用一定的手段进行测量。可以通过考察资质证书、考试、面谈、简历等具体形式来测量,也可以通过培训、锻炼等办法来提高这些素质。

第(3)项~第(6)项往往与工作内容直接关联少,因而很难度量和准确表述。只有其主观能动性变化影响到工作时,其对工作的影响才会体现出来。考察这些方面的东西,每个管理者有自己独特的思维方式和理念,但往往因其偏好而有所局限。管理学及心理学界有一些测量手段,但往往较复杂,不易采用或效果不够准确。

如:知识——某一职业领域需要的信息(如人力资源管理的专业知识);技能——掌握和运用专门技术的能力(如英语读写能力、计算机操作能力);社会角色——个体对于社会规范的认知与理解(如想成为工作团队中的领导);自我认知——对自己身份的知觉和评价(如认为自己是某一领域的权威);特质——某人所具有的特征或其典型的行为方式(如喜欢冒险);动机——决定外显行为的内在稳定的想法或念头(如想获得权利、喜欢追求名誉)。

模块一 评估自我,组建团队

课题描述

世界上没有两片相同的树叶,每个人都有其独特性,而且每个人都渴望成功,古今中外很多成功人士的成功都是建立在对自己优劣势清楚分析基础上的。

任何一个企业的成功很大程度上也取决于创业者个人性格、技能水平和经验、经济状况。在决定创办一个企业之前,人们必须真实地审视自己,以判断自己是否适合创业,并选择适合自己的企业类型进行创办。创业者对自我认知的模糊,往往导致创业的失败。因此,作为创业者,创业之前需要认清自己,了解自身的性格、兴趣、知识、技能、价值观、品质和动机等与创业相关的特质,根据自身的特点选择适合自己的行业进行创业。

教学目标

(1)利用职业性格测评软件进行评估,理解各种性格类型的特点,达到自我认知、自我觉察、理解他人的行为方式,为组建目标一致、团结奋进、和谐向上的创业团队做好筹备工作。

(2)测试并验证自己的性格和职业兴趣,结合性格和职业兴趣找准自己最适合的工作类型。

(3)组建团队,并根据性格测评、职业兴趣测评结果确定团队成员的岗位和职责。

教学重点

(1)自我职业性格和职业兴趣的认知与觉察。

(2)组建团队,结合个体性格和职业兴趣的优势和劣势,进行合理分工。

(3)初步了解团队设岗原则和不同岗位职责要求。

(4)团队内部对 GYB 学习阶段产生的企业想法进行讨论,并筛选分析出合适的企业想法。

教师课前准备

(1)准备创捷微信公众号二维码或名片。

(2)建立学生群(微信群或者 QQ 群),结合学生情况准备 1 ~ 2 个热身活动或互动活动。

(3)了解并熟悉职业兴趣评估和职业性格评估测评程序、相关知识点。

(4)教学相关物品(如大白纸、彩笔、团队名片等)的准备。

学生课前准备

组织学生提前备货(直连班)

教学方法

(1)游戏法。

(2)行为导向法。

(3)讲授法。

实训任务

(1)了解个人及团队成员性格类型,理解各种性格类型的行为方式和行为表现。

(2)了解自我职业兴趣方向，确定自己更喜欢做什么类型的工作。

(3)根据性格评估和职业兴趣评估，初步确定自己在创业团队中最适合的岗位。

实训步骤

一、第一步——课程引入课题(10分钟)

破冰：利用热身活动，增进团队成员之间的了解，增加团队黏性，营造主动、积极、愉悦的课程氛围。同时，教师可根据破冰活动对班级学生进行初步了解。

(一)导入——初步了解性格和职业性格概念

性格是一个人对现实的稳定的态度，以及与这种态度相应的、习惯化了的行为方式中表现出来的人格特征。性格一经形成便比较稳定，但是并非一成不变，而是具有可塑性的。性格不同于气质，更多体现了人格的社会属性，个体之间的人格差异的核心是性格的差异。

他人通常会用什么词来形容你？“活泼”“沉静”“内向”“理智”……上述这些词语常常用来描述一个人的性格。

性格是一个人在生活中对他人、对事、对自己、对外在所表现出来的一致性适应方式。

(二)互动游戏(形式自选，时间控制在1分钟左右)

如：(1)练习签名。

请拿出一张空白纸，在纸上签下自己的名字。

请换一只手，再次在纸上签下自己的名字。

两次签名有什么不同的感受？请用几个词来形容一下。

当我们用自己常用的那只手签名时，通常会感到“得心应手”，很自如，几乎不假思索，也不用费什么力气，对自己能够做好这件事也很有自信。而当我们用另一只手签名时,就感到不习惯、别扭、费劲,而且签的名字也歪歪扭扭。不过,我们发现自己还是可以用这只手签名的,我们在其他事情上也是如此,天生有自己擅长的一面,也有自己不擅长的一面(就如我们的右手、左手)。它们没有好坏或者对错之分。如果能够找到适合的环境,使我们能顺利发挥自己的长处和优势,那么我们会很自信,并且往往会取得佳绩。相反,如果要求我们做不擅长的事情,那么多半会感到不舒服、不自在,而且可能干不好。如果我们知晓自己性格上的"左右手",并了解与之相适应的环境和职业,就能帮助我们做出合乎自己情况的职业选择。这样的最佳匹配,会使得我们容易成为高效的工作者。

(2)双手交叉,换手。

(3)……

教学提示:

(1)测试展示了性格偏好和做事的动力状况,而不是知识、经验、技巧。性格没有好与坏,测试的目的是反映最真实的自己,而不是别人所期待的你。最大程度地放松,选择当面临下述这些情况时不由自主、自然和不假思索的决定或倾向。

(2)每个人都是世界上独一无二的人,存在先天差异,每个人都是遗传和环境相互作用的产物,每个人的家庭成长环境不同,导致每个人是不同的。

(3)接触中发现每个人的思维模式不同,当与另外一个人打交道时,对方的想法、兴趣、价值观总是与自己相差很大。指责、逃避、打岔等行为方式,往往会导致人们生气、发怒。

(4)每个人都有独特的最舒适的认知方式,不同个体对事物进行感知和判断时会习惯用不同方法,这个方法人们从小都使用,并逐步形成自己最舒适的认知方法。这个方法有长处,但也存在一些问题。

(5)因此需要对个体进行分析,帮助其分析发现自己的不同,让自己知道我是一个什么样的人。

(6)了解性格特点与他人差异,了解自我性格特点的优点和缺点,并结合现实生活环境论证个体需不需要进行改变?如果需要改变,如何改变?改变后自己的未来又会是一个什么样的?

(三)MBTI 简介

MBTI(Myers - Briggs Type Indicator)的理论基础来源于瑞典心理学家荣格(Carl Jung)有关知觉、判断和人格态度的观点,由布莱格斯(Katherine C. Biggs)和她的女儿迈尔斯(Isabel Briggs Myers)研究发展成为心理测评工具,属于信度、效度都较高的心理测评工具。MBTI 及动力理论已有近 50 年历史、上万例的研究报道,并有正在进行的权威研究支持这些理论的应用。MBTI 经过了 50 多年的研究和发展,现今已成为被人们用来了解正常人性格类型的工具。MBTI 解释了各种人类行事的基本模式,因此它有许多不同的用途:

(1)自我了解和发展;

(2)事业发展和探索;

(3)机构发展;

(4)团队建设;

(5)管理和领导培训;

(6)解决问题;

(7)人际关系辅导;

(8)教育及课程开发;

(9)学术辅导;

(10)多元化和多文化的培训。

MBTI 在美国每年有超过 200 万份指标问卷被使用。在国际上,MBTI 也被广泛采用,并已翻译成多种语言版本。

MBTI 性格测试结果没有“好”与“差”之分,但不同特点对于不同的工作存在“适合”与“不适合”的区别，从而表现出具体条件下的优势、劣势。人们的动力、人格特点由遗传、成长环境和生活经历决定，不要想象去改变它，但却可以通过对测试结果的有效利用，扬长避短，更好地发挥个人潜力。

二、第二步——职业性格测评(15分钟)

(一)测试导语

(1)本测评问卷共93题，测评时，请根据自己的实际情况或“第一感觉”答题，以保证测评结果的真实性。

(2)该测评属于迫选法，即在A、B中必须选出最符合自己情况的一个选项。

(3)所有测评结果没有好坏之分，只是一种“偏好”。

(4)测评结果会随着工作环境或工作经历的改变，不断进行调整和完善。

(5)测评过程中团队内部不允许进行交流和沟通。

(6)本次评估量表完成时间为15分钟。

教学提示：

测评结果的类型所指并非是“非此即彼”，而是“主要”表现。很多同学在做测试的时候，存在觉得两个都具备的现象，应选择最习惯表现。

(二)测评结果运用和讲解(55分钟)

MBTI中的四个维度介绍如下：

MBTI衡量的是个人的类型偏好(preference)，或称作倾向。所谓偏好，是种天生的倾向性，是一种特定的行为和思考方式。这些偏好并无优劣之分，却形成了人与人之间的不同。它们各自识别了一些人类正常和有价值的行为，也可能成为误解和偏见的来源。用MBTI四维度偏好二分法来评估一个人的类型偏好，每个维度偏好二分法均由两极组成。在MBTI测评结果中，一个人在每个维度上只能是一种偏好，如一个人是内倾型的就不可能是外倾型的，是知觉型的就不会是判断型的。但是，这并不代表人是内倾型的就没有丝毫外倾型的特征，这就好像习惯使用右手的人不代表他的左手是没有用处的，有很多时候需要左右手配合。性格也是如此，一个人如果是内倾型的，就意味着在绝大多数情况下其自然反应是内倾型的，但是也有表现为外倾型的时候，在特别的情境下，甚至可能主要表现为外倾型。所以，测评结果的类型所指并非是"非此即彼"，而是"主要"表现，体现出来两个维度所占的比例。

MBTI 的四个维度主要表现在：

(1)能量倾向(E－I 维度)：更喜欢将自己的注意力集中于何处？从何处获得活力？

(2)接受信息(S－N 维度)：如何获取信息？

(3)处理信息(T－F 维度)：是如何做决定的？

(4)行动方式(J－P 维度)：如何与外部世界打交道？

1. 外倾—内倾

外倾(Extroversion，简称 E)型：注意力和能量主要指向外部世界的人和事，从与人交往和行动中得到活力。

内倾(Introversion，简称 I)型：注意力和能量集中于自己的内心世界，从对思想、回忆和情感的反思中得到活力。

外倾型的人倾向于将注意力和精力投注在外在的人、事、物以及外在的环境等上；而内倾型的人则相反，较为关注自我的内部状况，如内心情感、思想。两种类型的个体在自己偏好的世界里会感觉自在、充满活力，而到相反的世界里则会不安、疲惫。因此，外倾型与内倾型的个体之间的区分是广泛而明显的，并不像我们平时讲的"外倾者健谈、内倾者害羞"那么简单。

外倾型和内倾型表现特征见表 1-1。

表 1-1 外倾型和内倾型表现特征

外倾型表现特征	内倾型表现特征
关注外部环境	关注自己的内心世界
喜欢用谈话的方式进行沟通	更愿意用书面方式沟通
通过谈话形成自己的意见	通过思考形成自己的意见
用实际操作或讨论的方式能学得最好	用思考、在头脑中“练习”的方式学得最好
兴趣广泛	兴趣专注
好与人交往,善于表达	先思考,后行动
先行动,后思考	安静而显得内向
在工作和人际关系中都很积极主动	当情境或事件对他们具有重要意义时,会采取主动

参照上述的“条条框框”,就能确定自己的内外倾向。当然,不要期望每条标准都完全符合,大部分符合基本上就可以确定了。因为人是生活在社会中的,会为了顺应外在环境或工作、学习的需要调整自己的行为。无论多么外倾的人,在权威人士面前或者十分隆重、严肃的场合,也会是个好的倾听者;无论多么内倾的人,走上领导岗位,该发表意见时还得发表,准备充分的话,也会滔滔不绝。

2. 感觉—直觉

感觉(Sensing,简称 S)型:用自己的五官来获取信息。喜欢收集实实在在的、确实已出现的信息,对于周围所发生的事件观察入微,特别关注现实。

直觉(Intuition,简称 N)型:通过想象、无意识等超越感觉的方式获得信息。喜欢看全貌,关注事实之间的关联。想要抓住事件的模式,特别善于看到新的可能性。

这个维度是人们收集信息的方式。每个人都在不断接受着信息，这是人们跟上外界节奏的必要前提。但不同类型的个体接受信息的方式不同，这便有了感觉型与直觉型之别。同样的情景，感觉型和直觉型个体依赖的信息通道不同，收集到的信息也不同。感觉型的人关注的是事实本身，注重细节，信赖五官听到、看到、闻到、感觉到、尝到的实实在在、有形有据的事实和信息；而直觉型的人注重的是基于事实的含义、关系和结论，注重"第六感觉"，注重"弦外之音"，直觉型的人的许多结论在感觉型的人眼里，是玄乎的，不实在的。感觉型的人习惯于固守现实，享受现实，使用已有的技能，直觉型的人更习惯变化、突破现实。简言之，感觉型注意"是什么"，实际而仔细；直觉型则更关心"可能是什么"。

感觉型和直觉型表现特征见表1-2。

表1-2　感觉型和直觉型表现特征

感觉型表现特征	直觉型表现特征
着眼于当前的实际情况	着眼于未来的可能
现实、具体	富于想象力和创造性
关注真实的、实际存在的事物	关注数据所代表的模式和意义
观察敏锐，并能记住细节	当细节与某一模式相关时才能够记得
经过仔细周密的推理一步步得出结论	靠直觉很快得出结论
通过实际运用来理解抽象的思维和理论	希望在应用理论之前先进行澄清
相信自己的经验	相信自己的灵感

例如，感觉型的人注重细节，擅长记忆大量事实与材料，他们有时候像本"词典"，能清晰地讲出大量的数据、人名、概念乃至定义，常使其他人感到吃惊。直觉型的人更擅长解释事实，捕捉零星的信息，分析事情的发展趋向。

再如，感觉型的人对待任务，习惯于按照规则、手册办事，照着手册使用家电，看着地图辨认交通路线；而直觉型的人习惯尝试，跟着感觉走，他不习惯仔细地看完一大本说明书再动手，结果呢？可能比感觉型的人更快地完成了任务，也可能因为失败而须重新开始。

3. 思考—情感

思考(Thinking，简称T)型：通过分析某一行动或选择的逻辑后果来做出决定。会将自己从情境中分离出来，对事件的正反两方面进行客观的分析，从分析和确认事件中的错误并解决问题中获得活力。目标是要找到一个能应用于所有相似情境的标准或原则。

情感(Feeling，简称F)型：喜欢考虑对自己和他人来说什么是重要的。会在头脑中将自己放在情景所牵涉的所有人的位置上并试图理解别人的感受，然后在此基础上根据自己的价值判断做出决定，从对他人赞赏和支持中获得活力，目标是创造和谐的氛围，把每一个人都当作独特的个体来对待。

这个维度是从作决策的方式来看的。仅看这个维度的名称，也许会觉得，思维型的人是理性的，而情感型的人是非理性的，然而事实却并非如此。这种类型的人都有理性思考的成分，但作决定或下结论的主要依据不一样。情感型的人常从自我的价值观念出发，变通地贯彻规章制度，做出一些自己认定是对的决策，较为关注决策可能给他人带来的情绪体验，人情味较浓。思维型的人则比较注重依据客观事实的分析，一以贯之、一视同仁地贯彻规章制度，不太习惯根据人情因素变通，哪怕做出的决定并不令人舒服。

思考型和情感型表现特征见表1-3。

表 1-3 思考型和情感型表现特征

思考型表现特征	情感型表现特征
好分析	善于体贴他人，感同身受
运用因果推理	受个人价值观的引导
以逻辑的方式解决问题	衡量决定对他人产生的后果
寻求一个合乎真理的客观标准	寻求和谐的气氛和积极的人际交往
爱讲理	富于同情心
可能显得不近人情	可能会显得心肠太软
公平意味着每个人都能得到平等的待遇	公平意味着每个人都被作为独特的个体来对待

这两种类型无所谓好或坏，重要的是理解和自己不同类型的人的做法，并且尽量避免走入极端。极端的思维倾向可能会给人"冷酷"的感觉，而极端的情感倾向则给人"无原则"的感觉。看看自己的性格在这个维度上会有什么样的偏好？

4. 判断—知觉

判断（Judging，简称 J）型：喜欢将事情管理得井井有条，过一种有计划的、井然有序的生活。喜欢做出决定，完成后继续后序的工作。生活通常会比较有规划、有秩序，喜欢把事情定下来。照计划和日程安排办事对他们来说很重要。从完成任务中获得能量。

知觉（Perceiving，简称 P）型：喜欢以一种灵活、自发的方式生活，更愿意去体验和理解生活而不是去控制它。详细的计划或最后决定会使他们感到被束缚。愿意对新的信息和选择保持开放，直到最后一分钟，足智多谋，善于调节自己当前场合的需要，并从中获得能量。

这是从喜好的生活方式来看。如果我们看看自己的宿舍、课桌或者钱包、柜子里摆放的物品,可以发现,有些人经常井然有序,而有些人就不那么习惯于保持整齐,前者是判断型的人具有的特征,后者是知觉型的人经常有的状态。不仅如此,在处事方式上,判断型的人目的性较强,一板一眼,他们喜欢有计划、有条理的世界,更愿意以比较有序的方式生活。知觉型的人好奇心、适宜性强,他们会不断关注新的信息,喜欢变化,也会考虑许多可能的变化因素,更愿意以比较灵活、随意、开放的方式生活。在做决策时,判断型的人较为果断,而知觉型的人总希望获得更多信息后再决断。逛了两天商场,还决定不了买什么的人,多半是知觉型的。

判断型和知觉型表现特征见表1-4。

表1-4 判断型和知觉型表现特征

判断型表现特征	知觉型表现特征
有计划的	自发的
喜欢组织管理自己的生活	灵活
有系统、有计划	随意
按部就班	开放
爱制订短期和长期计划	适应,改变方向
喜欢把事情落实敲定	不喜欢把事情确定下来,以留有改变的可能性
力图避免最后一分钟才做决定或完成任务的压力	最后一分钟的压力会使他们感到活力充沛

大多数人兼具两种倾向,只是更偏向某一个。我们在日常生

活、工作中，也会受其他因素影响，改变一贯的方式，如面临紧急的、期限明确的任务，知觉型的人也会果断起来。兴致所至，也会把物品收拾得整整齐齐，但这些并不是他们常有的行为方式，也不是他们内心感到真正自然、舒服的方式。作为个体，一方面，根据内心的感受识别自我的偏好，发挥优势；另一方面，则要约束一下性格的弱点。如完全的判断型，比较容易走入刻板、教条的境地，完全的知觉型则容易使事情的进行没有限制。看看最后一个维度上，自己的偏好是什么？

教学提示：

（1）贴合学生实际情况进行职业性格四个维度讲解，帮助学生更快了解自己的职业性格特质。

（2）每个维度的讲解抽取 3 ~ 5 个典型要点，结合学生自身感触。

（3）此处是理解和运用性格评估结果的重点，务必结合学生实际，将课堂主动权交于学生，教师仅做互动者和方向的引导者。

（三）职业性格匹配（16 种）（6 分钟）

职业性格匹配见表 1-5。

教学提示：

（1）展示 16 种典型类型的特点和擅长的领域，学生初步进行对号入座。

（2）提示学生将匹配的结果记录在团队名片卡和教材定岗定责表上。

（四）团队热身活动（10 分钟）

例如，萝卜蹲（动物蹲）。叫得最响的是外倾型，被情绪感染的是情感型，有点招架不住的是内倾型，这是在做什么的是思考型，调整不过来的是判断型，马上行动的是知觉型。

表 1-5 职业性格匹配

ISTJ 利用经验和对细节的注意完成任务的职业	ISFJ 能运用经验帮助别人的职业,协助或辅助	INFJ 能促进情感、智力或精神发展的职业	INTJ 运用智力创造、技术知识构思分析、完成任务的职业
ISTP 动手操作、分析数据或事情的职业	ISFP 运用友善、专注细节的相关服务的职业	INFP 运用创造和集中于价值观的职业	INTP 基于专业技术知识独立、客观分析问题的职业
ESTP 利用行动关注必要细节的职业	ESFP 利用外向和热情帮助有需要的人的职业	ENFP 利用创造和交流帮助促进他人成长的职业	ENTP 有机会不断承担新挑战的职业
ESTJ 运用对事实的逻辑和组织完成任务的职业	ESFJ 运用个人关怀为他人提供服务的职业	ENFJ 帮助别人在情感、智力和精神上成长的职业	ENTJ 运用实际分析、战略计划和组织完成任务的职业

三、第三步——职业兴趣评估(20分钟)

(一)我的职业兴趣(5 分钟)

请在表 1-6 中选择自己最喜欢的活动并在相应类型的方格里画"√",在第二喜欢的活动类型的方格里也画"√"。

表 1-6　职业兴趣

类型	喜欢的活动	重视	创业环境要求	典型创业模式
实用型	用手、工具、机器或修理。实物性的工作、户外活动或操作机器	具体实际的事物，诚实，有常识	与“事物”比与“人”打交道能力更为重要	动手、操作、加工、维修复制型创业
研究型	分析、思考有关科学性的论题，独立工作，对未知的挑战充满兴趣	知识、学习、成就、独立	分析研究问题，创造性地解决问题，独立工作	开发、研究安定型创业
艺术型	自我表达、具有创造性、变动性的工作，重视原创性和创意	有创意，自我表达，自由，美	创造力，以非传统方式表达自己，自由、开放	创新、改革创造型创业
社会型	合作，助人成长和解决困难、为他人提供服务	服务社会与他人，理解，平等	人际交往能力，对他人关爱，担负社会责任	模仿型创业、冒险型创业
企业型	领导和支配、劝说，达到个人、组织目标，希望成就事业	经济和社会地位上的成功，忠诚、冒险精神、责任	说服、支配他人，敢承担风险，目标导向	安定型创业、冒险型创业

续表 1-6

类型	喜欢的活动	重视	创业环境要求	典型创业模式
事务型	固定、有秩序，对文字能进行细致有序的处理	准确、有条理、节俭、盈利	遵从组织、指示，按时、按标准，有组织、有计划	安定型创业

教学提示：

如果个体兴趣类型与职业相互匹配，工作就更能轻松、高效、愉快；反之，则会产生各种不适应，对人和团队的发展都会带来不良影响和阻碍。

（二）霍兰德兴趣类型介绍——为什么做性格、兴趣分析（5 分钟）

著名的生涯辅导理论家霍兰德（Holland）自 20 世纪 70 年代以来，提出了一系列择业的研究假设。他认为：①职业选择是人格（personality）的一种表现，某一类型的职业通常会吸引具有相同人格特质的人，这种人格特质反映在职业上就是职业兴趣。②大多数人的职业兴趣可以归纳为六种类型：即实用型（R）、研究型（I）、艺术型（A）、社会型（S）、企业型（E）和事务型（C）。③个人的职业兴趣往往是多方面的，很少只是集中在某一种类型上。人们具备所有兴趣，只是偏好程度不同。因此，为了比较全面地描绘个人的职业兴趣，通常用最强的三种兴趣的字母代码来表示一个人的兴趣，这个代码就称为霍兰德代码（Holland Code），也可用这三个字母的顺序表示兴趣强弱程度的不同。比如，SAI 和 AIS 的人具有相似的兴趣，但他们对同一类型事务的兴趣强弱程度是不同的。

本练习是帮助学生从创业者角度,通过对个人职业性格和职业兴趣的评估,将自身的职业特质与职业类型进行匹配,确定自己是否适合创业或者适合在何种职业环境中创业。结合评估结果,选择适合自己的行业,增加创业的成功率。

了解自己:让我们更好地了解自己,充分认识自己的优缺点,扬长避短,活得开心快乐,充分调动自己的才能,要付诸生活、付诸实践,而不是空谈理论,局限于性格特征的文字描述。

提升行为有效性:在了解自己、理解别人、良性人际关系的基础上,人与人之间的距离防备消除,此时做任何的行为都更加有效。

理解别人:理解是心与心的交流,是共情的能力,是对他人的态度、情感和行为方式等方面的感知。理解别人有利于更好地体会到对方的情感、处境,与别人建立更深厚的情感。

提升人际关系:人际关系是一种对立统一的关系。人与人之间既有相互依存、互相吸引的一面,也有相互分离、相互排斥的一面。理解别人才能建立更良性的人际关系。

了解自己的性格类型,让我们能够更好地扬长避短!

了解他人的性格类型,促进我们更好地达成一致!

重要的在于理解和完善,而非改变和对抗!

可以通过性格类型来理解和原谅自己!

教学提示:职业兴趣是对职业进行分类的重要基础,是人们对工作的喜好程度,其影响个体的工作满意度、职业稳定性和职业成就感。

分析自己的兴趣是否与职业匹配。助教发分组卡片,在卡片上写出霍兰德和 MBTI 测试结果字母,问问同组小伙伴是什么性格、兴趣,做卷心菜活动。教师巡场讲解,了解对方性格、兴趣(10

分钟)。

四、第四步——组建团队(70 分钟)

(1)了解创业团队岗位设置说明,根据霍兰德职业兴趣测评结果进行团队组建(具体组建方法由助教完成)。

(2)初步确定自己在团队中的岗位及职责。并选出组长、监督者、正能量大使、爱心大使等。具体见附件一。

(3)设计团队 LOGO、队名、口号、团队亮相动作,支持团队成员用自己物品或天然物品制作,如树叶制作自画像等贴在海报上。

(4)做好团队进货计划。回顾 GYB 教材内容,认真考虑本组要进的每款产品是什么,这款产品要卖给谁,采取哪种方法进行销售,顾客为什么要购买此款产品,回顾产生企业想法的五个方法。在此基础上做实地的调研,以便最终确定本组方案。

(5)商讨本组的融资路演方案。

五、第五步——总结反思

(1)自己的职业性格类型了解清楚了么?了解身边同学的性格类型吗?这对我们理解他人的行为模式,建立良好的人际关系是否有所帮助?

(2)你的职业性格优势和劣势分别是什么?作为创业者,在哪些方面需要进一步完善?

(3)根据职业兴趣特点,是否理解自己重视什么样的工作环境?

(4)填写学习任务单(见表 1-7)。

表 1-7　学习任务单

<table>
<tr><td>课次</td><td>1</td><td>课次名称</td><td>评估自我
组建团队</td><td>上课地点</td><td></td><td>学时</td><td>2</td></tr>
<tr><td rowspan="2">实训
目标</td><td>知识目标</td><td colspan="6">1. 评估自身性格类型；
2. 评估自身职业兴趣；
3. 结合测评结果，组建团队，定岗定责</td></tr>
<tr><td>能力目标</td><td colspan="6">1. 能够对自我进行清晰定位；
2. 根据评估结果进行合理的团队组建；
3. 团队内部对 GYB 学习阶段产生的企业想法进行讨论，并筛选分析出合适的企业想法</td></tr>
</table>

实训过程记录（学生完成）：

<table>
<tr><td rowspan="6">实训
步骤</td><td>实训要求</td><td>实训过程详细记录</td></tr>
<tr><td>1. 自我性格</td><td>□ 熟悉　□ 了解　□ 不了解</td></tr>
<tr><td>2. 自我兴趣</td><td>□ 熟悉　□ 了解　□ 不了解</td></tr>
<tr><td>3. 团队架构</td><td>□ 熟悉　□ 了解　□ 不了解</td></tr>
<tr><td>4. 创业者基本特质</td><td>□ 熟悉　□ 了解　□ 不了解</td></tr>
<tr><td>5. 团队中适合的位置</td><td>□ 熟悉　□ 了解　□ 不了解</td></tr>
</table>

回顾与反思（学生完成）：

（1）自己的职业性格类型了解清楚了么？

（2）自己的职业性格优势和劣势分别是什么？作为创业者，哪些维度需要完善？

（3）自己的职业兴趣评估是否和实际相符合？

（4）根据职业兴趣特点，是否理解自己重视什么样的工作环境？

签名　　　　年　　月　　日

课后安排

第一次小组会。

课后作业(学生教材)

(1)学习模块二融资路演知识内容,并做好融资路演准备(PPT或海报),课程结束后将各自团队的融资协议和进货单提交给授课教师。

(2)在团队坐标定位表中完成对自己职业性格和职业兴趣的自我评价。

(3)根据测评结果,继续完成团队成员的岗位定位,第二天上交团队成员定位表。

(4)为自己的创业团队起一个响亮的名字,并设计团队LOGO,介绍团队成员和岗位职责。

(5)对GYB学习阶段产生的企业想法进行团队内部分析和评估。

延伸阅读(学生教材)

一、三人行的创业故事之一

组建团队,设定岗位

在大学生创业孵化基地,有这样三个在创业的路上摸索和前进的年轻人,他们分别是:史建、程功和刘芳。

史建是一个思维敏捷、机灵、善于激励他人的大四学生,大学期间学习的专业和经济有关,担任过学生会主席,组织和参加过各种学生社团活动和实践,组织管理能力较强,能随机应变适应新的和富有挑战性的工作,善于与人沟通,能灵活地处理接二连三的新事物。

程功是一个合群、热心、精力充沛、有无尽的激情与潜力的大三市场营销专业的学生。他的情绪比较稳定,与人交往中热情真诚,乐于称赞和帮助周围的人,能够在短时间的接触中了解对方,能对想做的任何事情找到令人信服的理由。

刘芳,学的是会计电算化专业,为人安静而严谨,忠实可靠,有很强的责任心,多数情况下,循规蹈矩地做事,在分析、组织、计划、实施等任务处理上有着极强的能力。

三人在孵化基地共同工作了两年,经过了长时间的磨合,互相理解和欣赏,面临毕业,面对严峻的就业现实,结合自己在孵化基地的工作经验,三人决定毕业后一同创办属于自己的企业。

三人根据自己的性格、兴趣特点,在企业创办初期,人员相对不足的情况下,分工上做了如下安排:由史建负责管理,程功负责销售和外联,而刘芳根据自身的特点,选择了财务,并参加部分销售工作。他们的团队有了初步的岗位分工,同时也决定,公司重大事务,三人一起研究决策。

模块二 项目筛选,营销演练

课题描述

本模块是通过模拟真实营销场景,帮助学生通过实践理解创业想法对创业成功的重要意义,学生在课程中选择创业项目,进行项目论证,制订企业计划、市场营销计划以及使用相关财务报表,以对创业过程有一个初步了解。通过模拟企业经管过程,学生将构建顾客、竞争对手、产品策略、价格制定、地点选择、促销组合以及资金使用、财务账表使用等相关知识体系,为创业生存挑战实践活动奠定基础,创业者在创业前只有对各个环节可能出现的问题有所准备,才可能在创业中应对各种企业经营风险。

教学目标

(1)一个好的创业想法应包含的具体内容。

(2)如何产生创业想法以及如何论证创业想法的可行性。

(3)合理制定产品销售价格。

(4)针对市场,制订切实可行的市场营销计划。

(5)简单会计账表的使用。

(6)预测企业在运管过程中可能出现的问题。

(7)落实并完善团队内部筛选出的企业想法。

教学重点

(1)了解企业想法包含的要素(卖什么?卖给谁?如何卖?为啥买?)。

(2)制订市场营销计划(顾客、竞争对手、产品、价格、地点、促销)。

(3)制订现金使用计划(启动资会、成本核算、库存管理)。

教师课前准备

(1)召开小组会了解各组上一模块中性格分析的测试结果,并询问组长在团队任务出现的一些具体情况以及各团队存在的问题。

①结合模块一评估结果,分配助教、供货商,零售商、顾客、市场管理员等角色任务。

②助教6人,其中3人扮演供货商(同时负责收广告费、房租、工资等工作),3人扮演市场管理员,查处市场违规行为;由模块一挑选出的12位监督者扮演顾客。

(2)准备市场营销模拟经管活动的相关教具。

①根据模拟产品卡片,准备价位不同的6种商品。

②模拟货币持有量:每家零售商500元,每位顾客300元。

③根据启动资金和消费者需求函数预测产品数量。

④记账表(见附件二)、进货表(见附件三)。

(3)布置模拟营销演练活动场地(见附件四)。

(4)准备大白纸6张、彩笔、胶带等作为市场营销工具。

学生课前准备

(1)复习创业想法的产生和筛选方法,确定销售产品。

(2)小组成员进行分工,确定小组成员角色,进行角色定位和分工。

教学方法

(1)游戏法:本模块要求教师提前准备好模拟营销环节需要

的各种物品，并在三轮的模拟营销过程中抓住学生出现的问题，引导学生发言讨论，并进行总结。

(2)讲授法：教师结合模拟销售中存在的问题，有针对性地讲授相关创业原理、经济学原理和营销原理等相关知识。

实训任务

(1)筛选创业想法，确定销售产品。

(2)初步确定商品的进货量和销售价格。

(3)制订创业团队市场营销计划。

(4)运用简单的财务表单进行记账。

实训步骤

一、第一步——引入课题(3分钟)

通过模块一的学习，对自己已经有了一个初步的认识，那么就需要根据评估结果，确定自己在团队中从事的工作岗位和职责，在接下来的模拟市场营销活动中，将了解如何选择创业项目，如何制订合理的市场营销计划以及如何合理分配并使用预算资金。

二、第二步——活动规则(7分钟)

(一)零售商规则(在活动前发到相关人员手中)

(1)每个团队有500元启动资金用于进货。

(2)房租：闹市区房租50元/月，偏僻区房租30元/月。

(3)广告费：20元/月。不打广告的商家只能静等商家上门，不准叫卖。任何销售团队开展的销售活动不得违背市场规则，违规罚款20~50元。

(4)供货商展示的商品价格均为建议零售价。

(5)工资：团队成员每人20元/月。

(6)供货商负责控制活动时间，零售商合理安排进货时间。

(7)活动结束时，零售商存货不计入利润，团队按最终盈利依次发放3、2、2、1、1个筹码。

(8)盈利为零或者出现负现金流的不再计算筹码数。

(二)顾客规则(设定销售场景)

活动背景：在大学某个周末，我们开始在校园销售产品，一群刚收到家里汇来生活费的大学生需要采购生活必需品……

(1)顾客每轮只能花费100元。

(2)顾客每次必须购买2件以上不同产品。

(三)市场管理员规则

(1)市场管理员也是顾客中的一员，每一轮只能花费100元，每次必须购买2件以上不同产品。

(2)监察、监督市场消费行为，体验恶性竞争、倾销等不当销售行为给市场带来的损害。主要检查违背活动规律的强买强卖，为照顾本组成绩销售作弊、违规销售等行为。

(3)销售时间结束口令发出，零售商必须停止销售行为，所有人回到自己的位置并保持安静；否则，市场管理员要判罚团队罚金20～50元。

(四)供货商规则

(1)按照教师提供的产品目录，及时有效地提供虚拟产品。

(2)协助零售商做好产品营销策划。

(3)供货商选择产品。供货商根据市场需求确定6种产品，并在开始前进行公布。

(4)供货商按照批发价格供给零售商团队产品。

注：此处供货商没有利润，不设建议零售价，主要目标是考核零售商的成本核算知识。

产品价格见表2-1。

表2-1 产品价格

产品	建议零售价(元)	产品	建议零售价(元)
套装牙刷	10	大功率充电宝	50
中档洗发水	30	巧克力	40
酸奶	20	双肩包	60

(五)市场营销模拟活动角色分工

(1)6 名助教进行分工,3 人担任供货商,3 人担任市场管理员;供货商需领取虚拟商品和记账单、零钞;市场管理员需领取购物资金,300 元/人。

(2)12 名监督者作为顾客需领取购物资金,300 元/人。

(六)活动过程

活动预备:

(1)各零售商选择销售产品;

(2)遴选商铺;

(3)做广告;

(4)交租金、广告费。

第一周:第 1 天,计划;第 2 天,进货;第 3 天,销售;第 4 天,报告销售情况;第 5 天,处罚;第 6 天,顾客分享;第 7 天,休息。

第二周:第 1 天,计划;第 2 天,进货;第 3 天,销售;第 4 天,报告销售情况;第 5 天,发工资;第 6 天,处罚和零售商分享;第 7 天,休息。

第三周:第 1 天,计划;第 2 天,进货;第 3 天,销售;第 4 天,报告销售情况;第 5 天,处罚;第 6 天,物品收缴和供货商分享;第 7 天,休息。

注:第 4、5、6 天三天时间不允许说话,哪个零售团队成员违规,市场管理员处罚 20 元。

三、第三步——操作步骤(70 分钟)

(一)活动预备(10 分钟)

讨论:(1)各零售商讨论,确定销售产品和销售计划。

提示:负责人须用 2 分钟的时间展示和陈述为什么选择该产品。

(2)零售商选择商铺和确定是否进行广告宣传。

①助教逐个询问零售商是否选择旺铺?如果选中旺铺的商家超过三家,则需猜拳决定并缴纳房租。

②零售商如果需要进行广告宣传,则需向助教(供货商)缴纳广告费,制作广告。

(3)零售商在选择产品和做广告的同时,召集监督员(顾客角色)、助教(市场管理员角色 3 人)在培训教室外面召开工作安排和购物技巧会议(15 分钟)。

(4)供货商整理好自己的产品、进货单,以及熟悉整个活动流程。

(二)活动第一轮(共计 20 分钟)

教师讲解和提示内容:在活动的分享阶段讲解,不必面面俱到,只针对具体问题具体讲解。

1. 创业项目应包括的要素

(1)销售什么样的产品或服务?(卖什么?)

销售的产品或服务应当是自己了解的,并且是人们愿意花钱购买的。

(2)向谁销售产品或服务?(卖给谁?)

销售的对象是特定的一类顾客,还是某区域的每一个人?需要有足够的人愿意花钱购买你的产品或服务。

(3)如何销售产品或服务?(如何卖?)

将采取的销售产品或服务的方式。直接销售给顾客?还是通过零售商销售给顾客？又或是通过网络销售给顾客？

(4)你的产品或服务将满足顾客的哪些需求？(为啥买？)

销售的产品或服务将满足顾客的哪些需求？顾客还有哪些潜在的需求？如何能够更好地满足这些潜在的需求？

2. 产生创业项目的方法

1)产生项目方法

(1)头脑风暴法。

无限制地自由联想和讨论，其目的在于产生新的更多的创业项目。

(2)对周边的企业情况进行调查。

调查周边现有的企业状况，查找目前市场中的空缺，看看能否找到适合自己创业的空间。

(3)对周边的环境情况进行调查。

调查所处的环境，分析该区域的资源和机构，看看能否从中发现商机，拓展出自己创业的空间。

(4)根据生活中遇到的问题进行调查。

依据自身过往的经历或者别人遇到的问题，利用自己的经验或者尝试帮助别人解决问题等，都能帮助你发现好的创业空间。

对于创业者而言，不仅要寻找创业项目，还要判断创业项目的前景是否适合自己。世界上没有最好的创业项目，只有最适合自己的创业项目。

2)选择适合自己的项目

选择适合自己的项目需要从以下5个方面思考：

(1)专业技能和知识。

专业技能和知识是创业的基础，也是未来进入职场的第一选择。在职场中经过历练，获得相应的社会经验后，可以通过专业技能和知识进行创业。

(2)兴趣、爱好、价值观。

在选择创业项目时，要不断询问自己的职业性格偏好、职业兴趣，是否与自己的职业价值观相匹配，是否满足内心的心理需求。

(3)未来的市场需求。

创业项目的选择是以解决消费者需求为中心的。创办什么项目，不是凭空想象出来的，必须要从社会需求出发，从顾客需求出发。

(4)整合周围资源。

选择创业项目其实是一个资源整合的过程，要"整合一切可利用的资源和力量"，打造一个优势互补的利益共同体。以此有效降低成本，增强创业实力，使创业项目更容易实施。

(5)量力而行，从小做起。

创业是一种有风险的投资，在选择创业项目时，必须遵循量力而行，从小做起的原则，逐步扩大，才能立于不败之地。

3. 怎样筛选创业项目

如果团队已经产生了不少的创业项目，可对每一个项目进行认真的分析，从中确定一个最适合的项目，学习以下四个方面的知识，它们将有助于你做出选择。

1)潜在顾客

了解所在区域对自己的创业项目是否有需求，会有哪些顾客需要你提供的产品或服务，预估顾客数量以及顾客的真实需求量和购买实力，从而确定符合顾客需求的期望产品及潜在产品。

2)竞争对手

尽可能地了解竞争对手的相关信息，包括他们的自身实力、进货渠道、市场营销计划，等等，看看自己是否有战胜他们的机会。

3)资源

全面梳理你所拥有的资源，包括资金、人脉等，考虑这些资源能否满足你所要从事领域的要求。

4)经验和技能

深层次剖析自身所具有的知识、技能和经验，看看有没有与所要从事的领域相匹配的知识、技能和经验，确定自己是否真的有兴趣，并愿意投入精力和时间来保证创业成功。

教学提示：以上知识点是对以前学习内容的复习，尽可能结合学生出现的实际问题进行讲解，也可作为提示内容进行讲解，提示讲解过程中要以要点为主。

（三）活动第二轮

教师讲解和提示内容：围绕4P理论框架进行把控和分享。

1. 顾客

顾客是企业的根本，顾客购买产品和服务的目的是满足不同的需求，了解清楚他们需要和想要的产品，以合理的价格销售给他们，满足他们的需要，你的企业就会成功。

2. 竞争对手

竞争对手是指与你提供相同或类似产品或服务的企业。必须在消费者心中建立起比竞争者更加强势的定位来获取战略优势，同时要考虑到合作双赢的可能性。

3. 市场营销计划

市场营销计划是指在了解竞争对手和潜在顾客的情况之后，在考虑企业将面临的挑战以及存在问题的基础上，有针对性地就产品、价格、地点、促销四个方面做出企业市场运营计划。

4. 产品的整体概念

产品的整体概念是指核心产品、有形产品、附加产品。

5. 价格策略

价格策略是指用产品要换回的钱数。定价需要考虑内部因素和外部因素，内部因素指市场营销目标（包括企业生存、最大利润、市场份额领先、产品质量领先等）、产品营销组合策略和成本（固定成本和变动成本）。外部因素指成本、市场与需求，成本决定的价格下限，市场和需求决定了价格的上限；竞争者成本、价格和产品；其他外部因素（经济状况、政府行为，以及社会因素等）。

进价又称进货价格,是企业购进商品时的价格。成本价是在进价的基础上,加上工人工资、分摊的折旧费、生产管理人员工资、水电费、维修费等费用,而成为企业的保本价。销售价是指卖出商品的价格。

6. 地点选择

地点选择是指把自己的企业设在什么地方。如果计划开办一家零售店或一家服务企业,地点非常重要,必须把它设在离顾客较近的地方,这样便于顾客光顾店铺。一般来说,如果竞争对手离顾客近,顾客就不会跑很远的路来你的店铺购买商品。

7. 促销策略

促销策略是指企业如何通过人员推销、广告、公共关系和营业推广等各种促销方式,向消费者或用户传递产品信息,引起他们的注意和兴趣,激发他们的购买欲望和购买行为,使其产生购买行为的过程。

促销有三层含义:第一,促销的核心和手段是沟通信息。第二,促销的目的是引发、刺激消费者购买行为的产生。第三,促销的方式有人员促销和非人员促销两种。

促销策略包括以下内容:

(1)人员推销:派推销人员向顾客作面对面的沟通,促成交易。

(2)广告:通过媒体或粘贴小册子、价格表、名片、标志品来招徕顾客。

(3)公共关系:树立诚实不欺、优质守信的形象,取得人们的好感,借助媒体发布利好信息为自己的企业做宣传来影响顾客。

(4)营业推广:用降价、奖励、礼品、表演来影响顾客,使之有得到更多利益的感觉而成为顾客。

促销策略见表 2-2。

表 2-2 促销策略

策略	广告	公共关系	营业推广	人员推销	直复营销
方法	影视广告	报刊	抽奖	对组织推销	目录销售
	广播广告	演讲	竞赛与游戏	对个人推销	邮购
	户外广告	研讨会	赠品	销售会议	网购
	海报和传单	慈善捐款	样品		电话销售
	包装广告	出版物	优惠券		电视购物
	店堂陈列广告	年度报告	折扣		E-mail
	宣传册	企业期刊	展销会		传真
		游说			

教学提示：

实际上课过程中要尽可能结合学生出现的实际问题进行讲解，也可作为提示内容进行讲解，使学生能在实践中得到切实体会。

(四)活动第三轮

教师讲解和提示内容：

(1)启动资金是指开办企业必须购买的物资和必要的其他开支，并预算其总费用。它包括：固定资产（企业购买的价值较高、使用寿命长的东西）、流动资金（企业日常运转所需支出的资金）。

(2)成本核算是指将企业在生产经营过程中发生的各种耗费按照一定的对象进行分配和归集，以计算总成本和单位成本。成本分为直接成本和间接成本。

(3)库存管理是指在物流过程中商品数量的管理，是生产、计划和控制的基础，重点在于确定如何订货，订购多少，何时订货。

教学提示：

启动资金会影响销售过程中的产品选择和进货数量，在初创企业期间往往会遇到类似的困惑；成本核算是核算产品销售价格和保证企业盈利的必要指标；库存管理是考核商品是否畅销的指标以及产品策略选择是否恰当。教学过程中要结合学生存在的具体问题进行讲解。

四、第四步——(5 分钟)总结课程内容

(1)通过活动学到了什么？创业团队在创业过程中遇到了哪些问题？下一步应该如何做？

(2)活动中感触最深的是什么？对所学知识是否真正理解？是否有所收获？自己的创业能力是否有所提高？

(3)通过以上练习，及时调整生存挑战计划。

注：只能追加进货量，进货资金可以通过融资路演获得。

(4)填写学习任务单(见表 2-3)。

表 2-3　学习任务单

课次	2	课次名称	项目筛选营销演练	上课地点		学时	2
实训目标	知识目标	1. 筛选创业项目。 2. 制订营销计划。 3. 预算资金使用情况					
	能力目标	帮助学生筛选出适合的创业项目，并制订简单易行的创业行动计划，落实并完善团队内部筛选出的企业想法					

实训过程记录(学生完成)：

	实训要求	实训过程详细记录		
实训步骤	1. 筛选创业项目	□ 熟悉	□ 了解	□ 不了解
	2. 制订营销计划	□ 熟悉	□ 了解	□ 不了解
	3. 预算资金情况	□ 熟悉	□ 了解	□ 不了解

回顾与反思(学生完成)：

重点是对 GYB 知识的回顾和反思。要求学生填写哪些知识是理解的，还没有贯彻为行动？哪些知识是学会的，而且已经得到应用、会用？

签名　　　　年　　月　　日

延伸阅读

一、三人行的创业故事之二

筛选项目,营销演练

史建、程功和刘芳在一起讨论了他们共同列出来的几种企业想法,这些想法都是同学们遇到的问题或者是学校周围还没有的商机。他们决定进一步对这些想法进行详细分析。首先通过四个问题进行分析:顾客是谁?竞争对手情况,相关的资源和要求和他们每个人的技能、知识和经验。紧接着又对校园环境进行了实地调研,对周围的企业和学生们的需求进行实地走访调查。然后他们通过分析自身的特点和不足,决定创办一家水果店,主要原因有以下几个方面:一是学生购买水果量较大,他们对学生购买习惯熟悉,可以送货上门;二是竞争对手主要是附近农民,但他们进出学校不方便,成本较高;三是在学校门口销售水果,他们上下课方便照顾生意,并且资金压力不大。

他们根据从市场上了解的信息,认为水果作为学生日常必备的消费品,市场非常大,首先应该销售应季的水果,产品比较新鲜,价格也相对便宜;其次应该保证水果干净卫生,让同学们吃得放心;再次要做好配送服务,同时可以预定新鲜水果,为同学们提供方便的产品才能更好地吸引顾客购买,赢得顾客信赖。他们共同做了简单的市场营销计划,为接下来的行动做好准备。他们认为先要做一次创业实践活动看看他们的创业想法是否可行,最终决定先拿出400元作为创业资金。他们做了启动资金预算,创业实践活动主要费用支出是进货和大家的生活费用。同时,他们核算了水果店的成本费用,预算了经营风险等内容。接下来,他们论证了项目的可行性问题。商品需求统计见表2-6。

二、实地调研过程中与顾客、供货商和企业界人士的交谈调查内容（见表2-4）

表2-4　交谈调查内容

途径	交谈内容
了解顾客	在哪里购买这种产品或服务？ 还有其他哪些地方能够买到？为什么从那里购买？多长时间买一次？是用什么价格买的？ 你认为你买的产品或服务的质量如何？你觉得还有哪些需要改进？ 还有谁计划提供这种产品或服务？
了解供货商	很容易拿到产品吗？供应有保证吗？ 能拿到什么质量的货？什么价格？ 需要什么样的库存、包装及维护？
了解批发商	供应有保证吗？还有谁供应这些原料？ 购买一定数量的原料要付多少钱？ 在库存、运输或使用方面有什么要求？
了解供货商和竞争对手	你认为人们多长时间购买一次这样的产品，买多少？ 有多少竞争对手已经在提供自己打算生产的产品？对这种产品的需求是不变的，还是会在一年中不断地变化？你认为人们还需要什么？ 你认为未来的趋势如何？
向关键信息提供者提问	这个企业对人们有什么用？ 你认为人们需要多少这样的产品或服务？ 你认为促使人们购买这样的产品或服务的最重要的因素是什么？你认为这个企业会随着时间的推移而不断壮大吗？未来的趋势如何？ 人们对该产品需求在一年中保持稳定还是会有变化？ 人们的需要是不是要么根本无法实现，要么很难实现？ 你认为人们还需要什么？

三、创业项目的可行性分析

你可以知道你构思中的企业存在哪些可以改变的因素，企业外部存在哪些无法施加影响的因素，从而可以知道你的构思是否可行，你的企业是否具有竞争力和盈利能力。可行性分析见表2-5。

表2-5 可行性分析

项目	可行性分析
优势(S)	针对企业想法，从产品/服务特色、技术、价格、销售渠道、营销手段、资金、团队、无形资产等方面阐述
劣势(W)	针对企业想法，从产品/服务特色、技术、价格、销售渠道、营销手段、资金、团队、无形资产等方面阐述
机遇(O)	针对企业想法，从政策、市场竞争、行业、潜在竞争、经济环境等方面阐述
威胁(T)	针对企业想法，从政策、市场竞争、行业、潜在竞争、经济环境等方面阐述

四、根据启动资金和消费者需求函数预测产品数量

设计原理：需求函数是指消费者在一定时期内依照各种可能价格水平愿意而且能够购买的该商品数量。主要决定因素：商品的价格、消费者收入水平、相关商品的价格、消费者的偏好和消费者对该商品的价格预期等。该模块市场中，顾客持有货币总量15人×300元=4 500元，为市场最大需求数，每位顾客每轮购买2种商品，且总价不能超过100元，根据销售预测定性分析和销售预测定量分析，设定单个商品的最大需求数和总量。商品需求统计见

表 2-6。

表 2-6　商品需求统计

产品	单价(元)	数量	金额(元)
充电宝	50	20	1 000
洗发水	20	40	800
酸奶	20	40	800
书包	60	30	1 800
牙膏	10	50	500
巧克力	20	70	1 400

提示:市场运行机制良好,假定顾客需求旺盛,产品供需平衡,供货商进货通畅,顾客货币充足。

五、分析企业想法,做出选择

回答表 2-7 中问题并分析每一个企业想法,它将帮助你做出选择。

表 2-7　分析企业想法

项目	具体内容	说明
顾客	你怎么知道顾客有需求?	
	谁将是你的顾客?	
	会有多少顾客?	
	顾客的购买能力如何?	
竞争对手	谁是竞争对手?	
	你如何能够在竞争中获胜?	

续表 2-7

项目	具体内容	说明
资源和要求	你如何提供高质量的产品和服务?	
	哪里获得所需资源?	
	哪里收集建议和信息?	
	如何获得设备和资金?	
你的技能、知识和经验	你对产品了解多少?	
	有用的技能、知识和经验是什么?	
	为什么认为会盈利?	
	你的素质和能力的适合度?	
	你是否有兴趣并愿意投入?	

六、完成本企业营销计划(见表 2-8)

表 2-8 企业营销计划

项目	主要内容	你的营销计划
产品	产品的详细介绍	
	产品的质量、包装	
	附带的产品说明书	
	后续跟踪服务	
	维修和零配件供应	

续表 2-8

项目	主要内容	你的营销计划
价格	产品的进价	
	产品的成本	
	产品的销售价	
	顾客愿意出多少钱购买	
	竞争对手的价格	
地点	你的企业设在什么地方	
	选择地点的原因	
促销	广告	
	宣传	
	销售促销	
	人员推销	

七、制定本企业的销售成本和净收入预测表(见表 2-9)

表 2-9　销售成本和净收入预测表　(单位:元)

预测销售收入(A)	
(销售成本/费用)(B)	原材料(1)采购/进货(B_1):
	原材料(2)采购/进货(B_1):
	原材料(3)采购/进货(B_1):
	销售提成/分成(B_2):
	其他销售费用(B_3):
	直接成本/费用共计(B):

续表 2-9

预测销售收入(*A*)	
毛利(*C*=*A*−*B*)	
(经营固定成本/费用)(*F*)	人员固定薪金(F_1):
	日常营销费用(F_2):
	用品及耗材(F_3):
	设备折旧(F_4):
	.....(F_5):
	间接成本/费用共计(*F*):
利润(*C*−*F*)	

填表说明:(1)预测销售收入需要首先预测销售的产品数量和销售价格。销售收入=数量×价格。

(2)原材料进货费用=产品进价×进货数量。不同产品进货费用分开计算。

(3)毛利是产品销售收入(售价)(*A*)减去商品原进价(*B*)的余额。

(4)利润是毛利(*A*)减去销售成本/费用(*B*)的余额。

模块三　论证计划,谈判融资

课题描述

本模块是通过模拟项目路演,向学生提供一个展示其新创企业,并学会如何利用路演来获得投资和资源的方法。学生将学习如何在短时间内向潜在投资者展示其创业计划的核心内容。采用模拟真实情景方式,体验融资方案策划、路演演讲和谈判,使学生提升计划设定、团队协作、资源挖掘及整合等能力,帮助学生寻找创业中具有创造性的选项,并通过解决方案来获得潜在资源。

教学目标

(1)锻炼学生的沟通能力。

(2)学习用演讲的方式展示一个项目的核心内容。

(3)思考投资者的动机和对路演内容的期望,对创业计划进行论证。

(4)了解创业融资谈判的基本模式。

(5)识别可以通过谈判来获得的非财务资源。

教学重点

(1)融资路演需向潜在投资者展示的内容:创业者特质、价值主张、团队、市场机会、产品描述、竞争环境、商业模式、财务状况。

(2)学习如何用双赢谈判方法整合有价值的创业资源。

(3)蒂蒙斯创业过程模型。

(4)学生沟通能力的练习。

教师课前准备

(1)本模块选1名助教任路演主持人,1名助教任记分员,1名助教任计时员。熟悉、准备《"天使在人间"融资路演大会》组织流程。

(2)监督员将作为潜在投资人,根据个人意愿向挑战团队进行投资。

(3)路演场地情景布置。课前30分钟,准备好投影、音响、话筒、翻页笔、观众席桌椅摆放(见附件五)。

(4)谈判场地情景布置。课前30分钟,准备好谈判场地(见附件五)。

(5)课前建议使用抽签方式确定路演顺序。

注:本模块设计只在精品班使用,直联班课程需要在GYB课程后自行融资。直连班时,本模块只具备项目展示和宣传意义。

学生课前准备

(1)模块一课程结束后编写团队创业计划书,并参照本教材模块三内容要求,制作路演PPT,并在课前30分钟拷贝至计算机。

(2)创业实践团队根据个人特长选好路演演讲人,并加以练习。

(3)参照模块三相关内容制订谈判方案,搭建谈判框架。

(4)融资合作协议书(课程只提供融资协议基本模版,团队可根据实际谈判条款自行增减修改)。

教学方法

(1)练习法。

(2)行动实践法。

实训任务

(1)融资路演。向潜在投资人(12名监督者)发放路演评分条,每位投资人6条,对照项目路演评估表(见附件六)对融资路演团队进行打分,记分员去掉1个最高分,去掉1个最低分,求平均分。

(2)融资谈判。

实训步骤

一、第一步——引入课题(1分钟)

回顾项目筛选及营销计划的制订等相关知识,考察还需要从哪些方面进行改进?在本节课的学习中,潜在投资人将告诉我们哪些还需要继续完善。同时,需要明确的是,本次活动教学方提供200元无息贷款作为生存挑战活动的启动资金和最高200元有偿贷款(日利息20%,有偿贷款可以不借贷)。当然,团队也可以进行现场融资。融资路演按照投资人打分结果从高到低依次发放3、2、2、1、1个筹码。

二、第二步——实训规则(2分钟)

主持人介绍参加本次活动的潜在投资人,介绍《"天使在人间"融资路演大会》和《融资谈判》规则。

活动规则:

(1)项目负责人演讲3分钟,超时立刻停止。

(2)项目负责人回答问题1分钟,超时立刻停止。

(3)融资谈判和签订项目融资合作协议(见附件七)。

三、第三步——操作步骤(60分钟)

(1)主持人介绍活动程序和注意事项。

(2)介绍参加本次融资大会的潜在投资人(监督员)。

(3)按照抽签顺序路演,团队成员上台展示演讲3钟。

教学提示:

为了给团队主要成员创造展示自我的机会,教学程序也可以设计成团队演讲,给予主要成员1分钟演讲陈述。操作细节:一定要注意演讲时间把控。

(4)分发项目路演评估表和项目路演打分条,评委(12名监督者)为每个路演演讲项目打分,同时完成项目路演评估,由计分人员负责收集算分,评定名次。

教学提示:

本练习也可以找一些熟悉演讲的老师或裁判参加。为了节省教学时间没有提问和回答,只提供书面反馈。

(5)潜在投资人提问。

潜在投资人参考以下问题的一条提问,也可以根据团队实际出现问题进行提问,问题要针对创业计划的可行性(不得针对演讲提问),每个问题回答限时1分钟。

①你描述的产品或服务是什么?

②谁是你的顾客,你能帮助他们解决什么问题?

③你为什么相信你的项目是一个好项目?你的市场机会是什么?

④你的产品对比其他同类产品的优势是什么?它与同类竞争产品有什么不同?

⑤你的竞争对手有哪些?他们都有哪些优势和劣势?

⑥本次活动你计划销售多少产品?你计划盈利多少?

⑦你的团队能力可以满足本次活动需求吗?请举例说明。

⑧你认为在销售以前，你还需要什么资源？

⑨你计划融资多少钱？这些钱你计划怎么使用？

教学提示：

①潜在投资人提问时，会暴露当前创业计划中的很多漏洞，要求学生进一步分析创业项目，并进行完善和修改。

②潜在投资人在了解路演项目后，应根据项目展示情况选择团队达成初步投资意向，也可以不和任何团队达成投资意向。

(6)蒂蒙斯创业过程模型(15分钟)具体如下：

成功的创业活动必须对机会、创业团队和资源三者进行最适当的匹配，并且还要随着事业的发展而不断进行调整。创业过程由机会启动，在创业团队建立以后，就应该设法获得为创业所必需的资源，这样才能顺利实施创业计划。

商业机会是创业过程的核心要素，创业的核心是发现和开发机会，并利用机会实施创业。因此，识别与评估市场机会是创业过程的起点，也是创业过程中的一个关键阶段。资源是创业过程不可或缺的支撑要素，为了合理利用和控制资源，创业者往往要制定设计精巧、用资谨慎的创业战略，这种战略对创业具有极其重要的意义。而创业团队则是实现创业这个目标的关键组织要素。

创业者或创业团队必须具备善于学习、从容应对逆境的品质，具有高超的创造、领导和沟通能力，但更重要的是具有柔性和韧性，能够适应市场环境的变化。

商机、资源和创业团队这三个创业核心要素构成一个倒立三角形，创业团队位于这个倒立三角形的顶部。在创业初始阶段，商业机会较大，而资源较为稀缺，于是三角形向左边倾斜；随着新创企业的发展，可支配的资源不断增多，而商业机会则可能会变得相对有限，从而导致另一种不均衡。创业者必须不断寻求更大的商业机会，并合理使用和整合资源，以保证企业平衡发展。机会、资源和创业团队三者必须不断进行调整，以最终实现动态均衡。这就是新创企业的发展过程。

在创业过程中,由于机会模糊、市场不确定、资本市场风险及外部环境变化等因素经常影响创业活动,致使创业过程充满了风险,因此创业者必须依靠自己的领导能力、创造能力和沟通能力来发现和解决问题,掌握关键要素,及时调整机会、资源、团队三者的组合搭配,以保证新创企业顺利发展。

教学提示:

①创业过程是由机会驱动、团队领导和资源保证的。

②创业过程依赖于机会、创业团队和资源这三个要素的匹配和平衡。

③创业过程是连续的寻求平衡的行为组合。

以上结论简单来说就是:

任何创业活动,三要素都是“缺一不可”;创业长久之道是动态把握创业过程,抓住创业过程关键点,踩准创业节奏。

(7)项目路演结束,团队创始人与潜在投资人进行融资谈判。

教学提示:

①准备融资的团队首先应有准备好的谈判文件,提前与潜在投资人预约,切不可现场乱作一团。

②邀请潜在投资人到指定地点或区域进行谈判。如果潜在投资人需要与两家以上项目谈判,应遵从投资方安排。

③各团队在指定位置进行现场谈判、签订融资合作协议,并现场融资,其他团队成员也可以参与学习,但教师应注意把控谈判现场,切勿出现混乱局面。

教学提示:教师要提示项目团队签订必要的协议。

反思总结

(1)3 分钟的项目路演,你的项目讲清楚了吗?

(2)你在谈判中达成融资了吗?如果没有达成融资,为什么?

（3）你在谈判的准备、实施谈判时做系统性方案了吗？你们收获了哪些资源？

（4）填写学习任务单（见表3-1）。

表3-1　学习任务单

课次	3	课题名称	论证计划融资路演	上课地点		学时	2
实训目标	知识目标	1.通过路演对创业计划进行论证。 2.掌握融资谈判的原则和技巧					
	能力目标	1.提升谈判、沟通能力。 2.识别可以获得的非财务资源					

实训过程记录（根据自己的实际收获情况填写）：

	实训要求	实训过程详细记录（在选项前的方格打“√”）
实训步骤	1.路演内容提炼	□熟悉　□了解　□不了解
	2.路演展示	□熟悉　□了解　□不了解
	3.融资谈判演练	□熟悉　□了解　□不了解
	4.总结与反思	□熟悉　□了解　□不了解
	5.创业计划调整	□已确立　□未确立

回顾与反思（学生完成）：

重点回顾所学路演（包括课件制作技巧、路演内容提炼、语言表达等）、谈判能力、沟通能力等知识，描述自己的收获和感想，反思自己的不足之处，在今后的学习工作中，我应该从哪些方面进行提高，怎样提高等。

签名　　　年　　月　　日

课后安排

(1)签订无息贷款合同,需要更多启动资金的团队还要签订有息贷款合同。

(2)助教、监督者会议。

课后作业

(1)在谈判中,你认为怎样来改变谈判讨论的方向以获得所需的非资金资源?

(2)通过融资谈判,你认为可以为未来的谈判积累哪些经验?

(3)完善你的创业计划书,做好下一步生存挑战实训准备。

骨干学生任务

(1)各组组长:制作模块三的路演海报,确定发言人和答疑人,鼓励大家制作配套的 PPT。

(2)各组助教(直连班):做好模块三的分工,1 人担任主持人,1 人发放虚拟货币并记录其他班各小组实际融资金额,1 人负责拍照记录其他班的路演资料,其他 3 名助教担任投资人,并摆放路演教室桌椅。

(3)监督者(直连班):模块三担任投资人角色,依据路演团队的实际表现,为路演团队打分(或者在直连班将手中的 300 元虚拟货币投给自己心仪的 1 组或多组)。

延伸阅读

一、三人行的创业故事之三

创业初期,获取资金

史建、程功和刘芳,他们三人东拼西凑,筹集到了第一笔创业资金。但是创业初期，小店遇到了各种难以想象的问题，他们发现自己的创业计划不够完善，成本核算时很多费用没有计入，而且小店没有什么知名度，顾客很少光顾，为了获取更多客户，他们计划在校园进行宣传推广，但这个费用比起人工费和场地费来说，简直不是一个量级，没多久，钱很快就花完了，流动资金也出现了短缺。在此过程中，他们除要面对日常业务外，还需要寻找新的资金。

一段时间过去了，他们的小店凭借着出色的经营创意和优质服务理念慢慢开始为广大同学所喜爱。随后，他们也顺利拿到第一轮风险投资约 2 万元。

由于新的投资人的加入，小店有了强大的资金注入，自然就不用怕和竞争对手一决高下。他们的产品也占据了较高的市场份额，企业开始慢慢地好转起来。

二、完美路演的两个基本要素

内容——你的创业项目、市场机会、价值主张、团队、市场营销计划和预测你的销售、核算成本和利润、融资额度和资金用途；沟通——用语言、身体语言、外观和眼神传递信息。

研究已经表明，人在 90 秒的时间里就会确定他们是否想更深入了解你的项目。这通常需要 7/20 秒创建第一印象，接近 93%的第一印象是建立在非语言沟通（坐姿、站姿、眼神接触、身体语言、语调和物理特征诸如着装）之上的。当创业者说话过快或过于软弱、缺乏激情、读幻灯片、躲避眼神接触、依赖技术术语或举止夸张时，投资者很快就会置之不理或拒绝。能很好地管理自身形象、传递自信的创业者往往最具说服力。

三、融资谈判

（1）谈判成功的典型定义是：达成协议、不争吵、公平、获胜或突破对方底线。有效利用谈判，除获得更多投资外，能收获更多潜在的资源需求。

(2)融资谈判的内容框架(见表3-2)。

表3-2 融资谈判的内容框架

谈判的基本要素	谈判的预期目标	谈判达成的目标
方案(各种可能性)		
利益(双方的需求、关注点、目标等)		
选项(双方能够达成一致的可能性或结果)		
沟通(与另一方沟通的方法和手段)		
承诺(在谈判中达成的协议)		

模块四　创业体验,生存挑战

课题描述

创业生存挑战是创业理论在实践中的应用,通过初创体验,让学生对创业产生初步认识,深刻领悟成功创业者应当具备哪些素质? 个人差距又在哪里? 自己对创业理论是否真正理解并会使用。

创业生存挑战是学生学习创业理论知识的贯穿、实践和验证。通过真实的创业体验,把项目筛选(挑选产品)、营销策略、成本核算、库存管理等环节一一进行实践验证,寻找创业过程中出现问题的解决方法。本模块是针对创业者创新意识、团队跨界协作精神的考察;是对创业者语言表达能力、沟通能力、心态把控能力、心理承受能力、应变能力、销售能力、抗风险能力、决策能力、领导能力等创业素质的全面考察。

教学目标

(1)提高学生在实践过程中运用创业理论知识的能力。

(2)提高学生的语言表达能力、沟通能力、心态把控能力及心理承受能力等。

(3)提高学生进一步论证、分析企业想法的能力。

教学重点

(1)创业理论在创业实践中的合理应用。

(2)创业过程中可能对创业成败造成影响的因素。

(3)团队协作与个人素质对创业成功的影响。

(4)论证并分析团队企业想法是否可行。

教师课前准备

(1)准备挑战团队各个职位的工作职责及相应的记录表单等。

(2)准备各组的标牌、旗帜等物品。

(3)准备课前激励故事的课件、筹码、锦囊等物品。

(4)与全体学生及骨干学生分别建群,方便及时沟通。

学生课前准备

(1)组长、助教、监督者、正能量大使、爱心大使了解自己的工作职责,领取相应的记录表单。

(2)按照团队创业计划书,合理分工,准备物品。

(3)团队成员将身上现金、饭卡等物品数量清点好,同时将各组移动支付工具账面余额截图留证,在挑战开始前交给监督本组的监督者。

(4)建群,方便各组监督者、助教相互联系。①监督者;②助教群。

(5)团队与监督者、助教做好沟通,让监督者了解本组今天大致的活动地点及人员的分工情况。

教学方法

创业实训行动导向法如下:

(1)通过学生参与实际的生存挑战活动,融入现实社会经济环境,营造高度仿真的创业氛围,把学生自身的知识技能融入实训教学中,通过实训教学有效地解决课程教学与实际需求脱节的矛盾。

(2)创设基于任务、基于真实情境、综合实战的实训教学方法。变教师主导为学生自主；变教师灌输为启发、讨论和互动；变机械式完成实训过程为研究、探索和合作。

（3）建立符合学生认知规律的教学程序，采取个性化形式组织实训教学，使学生由浅入深、由简单到综合，逐步认识、理解和掌握相关知识、方法与技能。具体问题具体分析、对待，实训结束后进行总结讨论。

（4）集中教学与个别指导相结合，把讨论式方式贯穿实训教学全过程。通过教师启发和引导，让学生从易到难，由简单到复杂，不是被动地完成学习任务，而是自主思考，从而获得一个宽松的思维和想象的空间，综合运用所学知识，显现自己的智慧和能力，心情愉悦地参与并体验自主实践的成果，充分调动学生参与实训的积极性和主动性。

实训任务

（1）根据团队确定销售的计划，检验团队创业项目的合理性。

（2）检验学生本人的创业素质和能力。

实训步骤

一、第一步——回顾挑战规则（5 分钟）

（1）本次生存挑战活动融资形式是教师以无息贷款（无息贷款合同见附件八）方式为挑战团队出资 200 元作为启动资金。如果挑战团队认为启动资金不足可以采取向校方贷款或与监督员（公务员）融资的方式进行筹款。向校方贷款最高额度 200 元，利息为 20%，融资额度不限。

（2）本次活动只允许在指定范围内销售，超出范围视为犯规。犯规一次罚筹码 2 个（正常范围应当在本校区内；网络售卖，快递出校园不受限制）。

(3)各团队真实体验创业的艰辛,不得投机取巧,不得带现金、饭卡等,电子结算的需提供手机截图作为凭证。

(4)各挑战团队只能用销售产品的利润来安排午餐,并且中午必须为监督自己团队的监督员支付午餐费,费用标准依照当地水平定。

(5)助教(市场管理员)监督产品质量和产品企业资质,供货以外时间,助教回归团队,帮助团队销售并协助组长进行小组管理和激励。

(6)除正常成本外,使用自己物品的需算折旧成本(例如,桌椅、自行车、音响等设施设备),折旧率1%。

(7)挑战结束时,各队将所得利润额/10折算为筹码作为判定名次的标准(库存商品按进价的60%折算为现金,计入利润,最终筹码数四舍五入)。最终获胜团队成绩分为两部分:一是每个模块回答问题得到的筹码,二是生存挑战得到的筹码。判定名次时间为整个教学活动结束。

(8)所有参赛队员不得中途退出比赛,出现本人不可控等重大特殊情况除外(原理:从一个企业合同未到期退出,必须要交经济赔偿金)。

(9)监督者在12:00、14:00、16:00三个时间段公布所监督小组三个时间节点的销售利润,三个时间段的前三名分别奖励2、1、1个筹码。

(10)活动过程中,教师负责发放彩锦囊,1个筹码可以抽取彩锦囊1个。

(11)活动过程中注意个人的言行举止,不得妨碍正常校园秩序,遵章守法,确保安全。

二、第二步——激励故事或视频(5分钟)

大部分人都惧怕遭遇小偷,因为他们会在半夜潜入你家偷东西。但你的心中其实一直住着一个小偷,它专偷你的梦想,它的名字叫“怀疑”。如果你看到它,请马上报警,千万别让它接近你的梦想,因为它是世界通缉犯,它偷走的梦想比失败还多。它戴着各种面具,还有各种变异体,让人们漫无目的、随波逐流,让你变成“有点哥”,“有点”是非常危险的,你知道什么是“有点”吗?

社会上不乏这种凡事都“有点”的人,你“有点”想要转换人生跑道,你“有点”想要考一百分,你“有点”想要减肥,这都是很简单的问题,但如果凡事都只是“有点”想,那你也只是“有点”可能会达到你想要的目标。

你的梦想是什么?是什么点燃了你梦想的火花?你不能只是“有点”想要,你必须用生命去追求!过程会很艰辛吗?当然,会很艰辛!没有捷径!你会跌倒许多次,但有谁会在意?你只要记得一件事,世界上没有平坦的山脉,想要登上山顶,就必须先爬过陡峭的山脊。有时你会倍感压力,会灰心丧气,但请让我告诉你,马云三次高考还差五分,最后靠调剂才录取到并不理想的外语专业;高考外语只考了33分的俞敏洪,三次高考才考入北京大学,通过多年的打拼成就了新东方。

煎熬与批评都是成就非凡的先决条件,这就是这个世界运行的法则,谁都不能例外。因为有痛苦才是人生,但你可以选择痛苦的种类,是迈向成功的痛苦,还是遗憾终生的痛苦,想听听我的建议吗?不要瞻前顾后,做,就对了!

人生就是上帝赐予我们的礼物,所以,别搞砸了。过去无法定义你,相反,未来的每一刻,你都是全新的自己,所以,请把握当下,有时候你必须先试着跳跃,才能在下坠的过程中羽翼渐丰。你或许无法回到过去重新开始,但你可以从此刻起,改写命运的结局。一无所有则无所不能。

三、第三步——宣读誓言(5分钟)

誓词:我梦想做一名成功的创业者!

我梦想做一名成功的创业者!

虽然我的创业特质还不完美,

但我会历练自己,不遗余力!

虽然创业充满风险和艰辛,

但我有坚强的意志,将创业进行到底!

虽然创业让我身心疲惫,

但我会坚定信念,自我勉励!

虽然创业还有辛酸和泪水,

但只有经历过才能实现人生最高荣誉!

创业之路虽然坎坷崎岖,

为了成功,我们必须加倍努力!

加油吧!伙伴们!成功属于我自己!

四、第四步——分组行动(5分钟)

各组准备好LOGO、宣传海报等,小组人员明确各自分工,完成生存挑战活动团队分工表单(见附件九),相互鼓励后由组长带领大家整齐离开培训教室,开始挑战。

五、第五步——开始挑战(7个半小时)

学员在校园内进行实际销售。

六、创业想法完善小组会

各组组长和助教参加小组会,交流本组的创业项目完成情况和存在问题,大家共同运用GYB教材的知识分析出自己小组存在的问题,并提出初步解决方案,在接下来的挑战中尝试解决问题。

反思总结

回答下列问题，进行深刻反思，并将反思总结报告发至微信群。

(1)如何描述自己在生存挑战过程中的表现？自己的哪些做法得到大家的肯定？自己有哪些不足？我从别人那里学到了什么？

(2)活动中自己有哪些情绪？这些情绪问题是否影响到了团队？

(3)本次生存挑战对今后有益的是什么？我学到了什么？

(4)填写学习任务单(见表4-1)。

表4-1　学习任务单

<table>
<tr><td>课次</td><td>4</td><td>课次名称</td><td>创业体验
生存挑战</td><td>上课地点</td><td>校园内</td><td>学时</td><td>10</td></tr>
<tr><td rowspan="2">实训目标</td><td>知识目标</td><td colspan="6">1.创业培训理论在实践中的合理应用。
2.创业者应具备的素质和心态</td></tr>
<tr><td>能力目标</td><td colspan="6">1.提高学生的创业理论知识在实践过程中运用的能力。
2.提高学生的语言表达、沟通、心理承受等创业能力。
3.提高学生进一步论证、分析企业想法的能力</td></tr>
<tr><td colspan="8">实训过程记录(学生完成)：</td></tr>
<tr><td rowspan="6">实训步骤</td><td colspan="2">实训要求</td><td colspan="5">实训过程详细记录</td></tr>
<tr><td colspan="2">1.了解你的顾客</td><td colspan="5">□熟悉　□了解　□不了解</td></tr>
<tr><td colspan="2">2.了解你的竞争对手</td><td colspan="5">□熟悉　□了解　□不了解</td></tr>
<tr><td colspan="2">3.了解你的项目</td><td colspan="5">□熟悉　□了解　□不了解</td></tr>
<tr><td colspan="2">4.了解你的团队</td><td colspan="5">□熟悉　□了解　□不了解</td></tr>
<tr><td colspan="2">5.了解你自己</td><td colspan="5">□熟悉　□了解　□不了解</td></tr>
<tr><td colspan="8">回顾与反思(学生完成)：

签名　　　年　　月　　日</td></tr>
</table>

课后作业

通过今天的挑战,学到了什么?体会了什么?

骨干学生任务

(1)骨干学生:组长、助教、监督者、正能量大使、爱心大使。

(2)具体任务:参看附件一,各角色的具体任务,并认真、按时完成。

(3)组长和助教在培训中期组织创业想法筛选和评估会,运用四维评估、SWOT 分析、实地调研等学习内容,结合实际挑战过程中出现的问题进行再一次的分析和论证,通过充分的讨论形成书面结论。

注:这个时间是团体辅导的承、转过程,如果团队合作的好,这时这个团队凝聚力会很强,如果这个时候运行出现问题,团队将会出现分裂。

延伸阅读

一、三人行的创业故事之四

初创体验

史建、程功和刘芳的水果店终于开张了,但是经营的状况却不如预期的那样乐观。开始时他们面对顾客羞于开口,害怕被拒绝,更担心自己成为其他同学的笑柄。后来外向的史建在校园内努力地向见到的每一个同学推荐他们的水果店,但换来的却是一次次的拒绝。乐观开朗的史建在这一次次拒绝后渐渐也有了想放弃的念头。

在经历了挫折后,史建、程功和刘芳三个人坐在一起讨论原因。他们翻开课本，仔细认真地重读了课本，发现书本上的内容给得很宽泛，他们只是了解了字面的意思，并没有去发掘深层次的东西。于是他们针对自己遇到的实际问题，对照课本上的内容，重新调整了自己的销售计划。他们摆正了自己的位置，保持积极乐观、坚持不懈的心态；把自己当作顾客，换位思考，认真地分析顾客的需求和性格特点，做出有针对性的预案；细致全面地考察了竞争对手，在学习的同时探索超越他们的方法；规范了销售的流程，不再单一盲目地去推介产品，真正将顾客的需求放在了首位；依据团队人员的性格特点划定了工作职责，充分发挥每个人的特长，等等。在他们坚持不懈的努力下，终于赢得了顾客的认可，打开了校园的水果市场。

二、顾客类型及应对技巧

（一）冲动任性型

基本特征：性急、心直口快、心浮气躁、善变，常因一时之冲动而下决定。这一类型的客户往往很冲动，决定下得很快，不待销售人员有说话的机会，就会下结论。

应对策略：销售语言明快，避免唠叨，要注重谈判气氛及综合感染力，尽快结束销售。

（二）沉着稳健型

基本特征：冷静稳健，深思熟虑，专心聆听，小心求证，考虑周到。

应对策略：以平常之心，不厌其烦就产品的特点、质量、实力等进行详细说明，耐心提供客观资料与证明，言之有理有据，以理性判断为宜，以获取客户的信任。

（三）挑剔型

基本特征：主观性强，心思细密，喜欢挑毛病，常对产品的品质、包装、颜色、价格、服务等表达主观意见，提出种种不合理的要求。

应对策略:给予适当的恭维,切莫与其争论,可强调一些优惠政策,谈判中要多问"为什么呢?",探询对方不满意的原因所在,一一予以详解,用事实来支持自己的论点,并且少谈题外话,以免节外生枝。

(四)多疑谨慎型

基本特征:疑问较多,外表严肃,反应冷漠,出言谨慎,不易获取信任。

应对策略:销售人员对这一类客户要耐心解释,详细说明产品的优点,提出各项说明文件及保证,以取信对方。必要时可以老客户做见证人来进行促销。

(五)果断型

基本特征:动作积极,眼光直视有力,声调洪亮清晰,表情丰富,作风充满自信与坚决。

应对策略:认真倾听,掌握客户的兴趣点后,有针对性地做重点推介,注意产品质量、价格等方面的比较。

(六)犹豫型

基本特征:精神与动作飘忽不定,难以捉摸,对产品等彻底了解之后,已产生兴趣,仍拿不定主意是买还是不买,说话时,视线不断移动。

应对策略:凭借对客户情况的了解,在不伤害他自尊心的前提下帮他做出决定,从朋友的角度引导他做出选择。

(七)口若悬河型

基本特征:这一类型的客户喜欢闲聊,常使销售人员在销售过程中被不相干的事情干涉。

应对策略:销售人员遇到这一类型的客户时,要随时注意将谈话拉回主题,并由对方的谈话找出更多的意见来推销,态度要和善,但不可过于热情,选择适当的时机结束推销。

(八)沉默寡言型

基本特征:这一类型的客户只注意听别人说话,不表示意见,对销售人员的话不作反问,无动于衷。

应对策略:先引导对方谈些自己的专长,再引起他对商品的兴趣,鼓励他说出自己的想法。

(九)无知型

基本特征:对产品一无所知,问题多而杂,不容易下决定,甚至问到很多与产品无关的问题。

应对策略:善倾听,以和善的态度给对方安全感,主控谈判现场,尽量详细解答其所提问题,说明产品的畅销程度。并提出可信有力的销售业绩,质量保证等,态度和善诚恳,不要让其产生压迫感。

(十)敏感多疑型

基本特征:这一类型的客户尽往坏处想,任何一点小事,都会引起他的不良反应。

应对策略:推销人员多听少说,神态上要表示出重视对方的样子。不要随便开玩笑,以免说错话,而使对方信以为真。

(十一)从众型

基本特征:从众心理相当重,常问产品是否好卖,卖了多少,什么人买得多,还有多少,非常留意现场成交情况。

应对策略:有选择地推介产品的优势,营造自己非常忙碌,客户非常多,而货量有限之气氛,让她感觉到机不可失。但造势的过程不能太夸张,否则会产生反作用。

(十二)贪小便宜型

基本特征:对一些鸡毛蒜皮之事看得很重,对于一分几厘能省就省,关心有无折扣、有无优惠、有无赠品等。

应对策略:如有折扣或赠品,则取其部分以诱之,切不可让利太大,如无折扣或赠品,则以产品的优惠说明物超所值,以产品的性价比做市场比较,说明产品已经相当便宜,说话姿态稍高些。

三、心态控制

正确定位:销售是从被客户拒绝开始的。

我国有一句经商格言:褒贬是买主、喝彩是闲人。

美国的一项调查表明:和气的、好说话的、几乎完全不拒绝的客户只占上门推销成功率的15%。

日本一位推销专家说:从事推销活动的人可以说是与“拒绝”打交道的人,战胜“拒绝”的人,才是推销成功的人。

正确心态:

(1)消除紧张。

对于初次尝试创业的学生来说,紧张是在所难免的,担心被拒绝、害怕丢面子,等等。要正确地理解“销售是从被客户拒绝开始的”这句话,没有人能随随便便成功,调整心态,直面现实,接受挑战。例如,性格类型表现为内向型、情感型的人一般容易出现类似情况,内向型的人不太善于与人沟通,情感型的人会过度考虑别人的情绪和感受,因此从性格的角度来自我认知,收获会很大。

(2)空杯定位。

如果想成功地销售产品,先要把自己想象成“一个空着的杯子”,用知识和技能来填满它,而不是骄傲自满。

(3)坚韧意识。

在遭遇身体及精神困难、压力时,坚持而不放弃,即面对危险与灾难时精神坚定,具有坚强的耐受力、勇气和后劲。

(4)积极调整。

告诉自己,成功就在下一次。

七大不良心态:

(1)害怕拒绝,为自己寻找退缩的理由;

(2)在客户面前低三下四,过于谦卑;

(3)不思进取之心;

(4)看轻别人的工作;

(5)经常抱怨,从不反思自己;

(6)害怕同行竞争;

(7)拖拉心态。

锦囊具体表现如表4-2~表4-6所示。

表4-2　锦囊一——心态控制

可能遇到的问题	正确的心态	你如何做
紧张,不知道如何破冰	增强自信	
害怕,担心被顾客拒绝	销售是从拒绝开始的	
害羞,害怕成为笑柄	打破"自尊"、重塑"自我"	
气馁,想要放弃	相信成功就在下一次	
被顾客粗鲁对待	感恩伤害我的人,他们让我更坚强	

使用说明:主要在开始阶段或出现销售不利状况、员工情绪出现问题时与教材相关阅读一起使用。

表4-3　锦囊二——了解你的顾客

顾客类型	顾客特点	如何应对
冲动任性型	常因一时之冲动而下决定	
沉着稳健型	聆听,小心求证,考虑周到	
挑剔型	爱挑毛病,提不合理要求	
多疑谨慎型	疑问较多,不易获取信任	
果断型	充满自信,坚决果断	
犹豫型	犹豫不决,难下决定	
从众型	从众心理重,爱随大溜	

续表 4-3

顾客类型	顾客特点	如何应对
贪小便宜型	看重鸡毛蒜皮的小便宜	
口若悬河型	喜欢闲聊,易跑题	
沉默寡言型	只听不说,无动于衷	
无知型	对产品一无所知,问题多难决定	
神经过敏型	尽往坏处想,敏感易产生不良反应	

表 4-4 锦囊三——沟通技巧

沟通技巧	如何应用
树立良好的第一印象	
提前整理好销售话术	
注意保持私人空间	
学会聆听:“望”“闻”“问”“切”	
引导性提问	
巧用赞美	
巧用非语言表达	
提前做好消除异议的预案	

使用说明:1.帮助零售商整理话术。

2.注意自己的表情。

3.注意空间距离。

4.学会倾听。

5.开放与封闭语言表达技巧。

6.使用手势、表情等非语言表达。

7.异议预案。

8.用于销售成交量不高的状况。

表 4-5　锦囊四——了解你的团队

人员	工作内容	需要的技能	需要的性格	工作量	完成情况

使用说明：用于团队人员分工不清，领导者地位不确定等情况。要反复提示自己的岗位职责。避免自我认知不足和定位不准。

表 4-6　锦囊五——了解你的竞争对手

项目	我的企业	企业 A	企业 B	企业 C	企业 D	企业 E
目标顾客						
顾客需求						
产品						
价格						
销售地点						
促销方式						
特色服务						
售后服务						
设施设备						
销售额						
⋮						

使用说明：了解竞争对手有利于：零售商之间合作、零售商向对手学习、本团队人员自我反思。

模块五 实战反思,自我完善

课题描述

创业,需要耐力、恒心和执着的信念,不是百米赛,是跑马拉松;创业,不是单纯挣钱的手段和工具,是激发自身潜能并不断拼搏的过程,是将生存、使命、信念融为一体的事业。创业不仅能给人们带来财富,更能给人们带来不尽的快乐,只有具有这种感受的人,才可能成功。

本模块的目的在于总结创业实践中的经验和教训,对活动过程进行深刻的反思:自己在创业实训过程中学到了什么?对自我认知有哪些新的认识?如何改善?自己在创业准备方面还有哪些不足?对今后真正的创业有哪些启示?能否最终达到提升个人创业能力的目的?

教学目标

(1)通过分享和反思进行自我认知和自我觉察,查找自身在创业实践过程中存在的问题和不足,充分挖掘自身潜能,实现个人创业能力提升。

(2)理解创业过程中可能面临的挫折和艰辛,认真考虑自己是否适合创业,将来自己是否还要创业。

(3)通过实际挑战,总结本组项目存在哪些不足,制订下一步的完善方案。

教学重点

使用胜任力模型萨提亚冰山理论剖析学生挑战过程中存在的问题。

教师课前准备

（1）熟悉萨提亚冰山理论和胜任力模型。

（2）督促学生及时将分享 PPT 或分享视频拷贝到指定计算机（上课之前通知监督者将挑战视频、制作总结的 PPT 拷贝到计算机上）。

（3）督促各组与监督员对账，并确定各组的最后成绩。

（4）确定活动分享人员及出场顺序。挑选典型案例进行点评。

（5）准备大白纸和彩纸让学生分享。

学生课前准备

（1）返回教室认真编写 100 字以上总结分享，并发到微信群。

（2）做好实践反思总结工作，总结生存挑战的收获和感悟（按照提供模板内容写总结，自己认为还有更深刻的感触可以另加附页书写）。

教学方法

（1）讲授法。

（2）行动导向法之反思。

实训任务

（1）自我觉察与反省。

（2）重新审视自我，明晰创业角色定位。

实训步骤

一、课前准备

(1)将最终销售利润额/10 折算为筹码数,计算各组挑战成绩。

(2)团队分享全员参与,分享内容力求感受真实,有自己感悟(100 字以上)发送至微信群(QQ 群),奖励筹码 1 个。

(3)我眼中的你:给团队成员 3 个优点评价。

(4)利用推介部分"时间的口袋"自己的 5 个优点,和团队成员对自己的评价,重新认识自己。

(5)助教协助监督员上传 PPT。

(6)助教收胸卡、算分、发筹码。

二、第一步——实战反思(72 分钟)

(1)监督者 PPT 或视频展示所监督组挑战过程,并简单总结该组挑战过程中的闪光点和出现的问题(每组发言 5 分钟,教师抓点分享 1 分钟,总共 36 分钟)。

(2)各挑战小组安排一名代表进行分享发言(每组发言 5 分钟,教师抓点分享 1 分钟,总共 36 分钟)。

教学提示:

注意时间的把控,提示学生尽量减少重复。学生汇报精彩之处教师要带头给予鼓励和赞许的掌声。

企业失败的常见原因主要包括:产品定位和产品策略考察不准确;没有了解到顾客的真实需求;竞争对手实力和状况了解不全面;市场营销计划不详尽,市场前景预估失灵;营销场地选择不恰当;价格策略思路不清晰;资金运作随意性强;库存管理不到位,出现压货滞销现象;团队人员分工不合理;团队成员情绪管理失控等。

如果涉及情绪问题，可依据挑战实例运用萨提亚冰山理论进行深度挖掘。

萨提亚冰山理论，隐喻人的“自我”就像一座冰山一样，外界所能看到的只是表面的一层，即行为。而最大部分的内心世界却掩藏在看不见的地方，甚至连自己也看不到，就像水下的冰山一样。调整自己的情绪需要做的事情就是要透过表面的行为，去探索内在的冰核，从中寻找出解决之道——每个人都会有自己的冰山，发现自己的冰山，应对方式就会随之改变，从而对自我认知发生重大改变。

在萨提亚冰山理论中，水面上方的只有行为，水面下方从上至下，分别代表了应对方式、内在的感受、外在的感受、观点、期待、渴望和自我，揭开冰山的秘密，就会看到生命中的渴望、期待、观点和感受，看到真正的自我。

团队问题剖析需要运用胜任力模型结合模块四观察到的学生行为作为分析依据。

(3)给自己写首诗，写完后，在夜深人静的时候读读，看看自己到底需要什么？

我是　　　　我假装　　我明白
我想知道　　我感到　　我相信
我听见　　　我触摸　　我梦想
我看见　　　我担心　　我努力
我愿意　　　我哭泣　　我希望
我是　　　　我是　　　我是

写完这首诗，你此刻有什么感受？

思考：①这首诗所呈现的梦想是什么？所显露的脆弱是什么？这首诗所呈现的力量是什么？

②这些发现对你的意义是什么？

③这首诗还会引发你的哪些思考？

④从这首诗中你学习到了什么？你的生活会因此而有哪些改变？

⑤你发现这首诗的秘密了吗？

夜深人静的时候再读读这首诗，看看自己会有什么新发现。

教学提示：

这首诗承前启后，可以发现每个人的内心真实情感（可不公开）。

我愿意：梦想；我哭泣：我自我脆弱的地方；我希望：我的价值观。

三、第二步——教师总结（8 分钟）

你是否真正掌握了创业的知识和能力？在创业中是怎样对自己进行角色定位的？你的创业想法是否需要调整？

各组在学习过相关的创业理论后，为什么还是不能达到自己满意的效果？其实，大家并没有做好自己的社会角色定位。大家在挑战的过程中并没有真正把自己作为一个创业者去参加活动，参与度不够必然不会有满意的效果。

你在抗风险、决策力、领导力、语言表达能力、沟通能力、心态把控能力、心理承受能力、应变能力、销售能力等创业条件上是否都适合？自己还有哪些不足？从别人那里学到了什么？对今后学习和生活有何帮助？

教学提示：

GYB 教材第三章创业者评估表。

重点结合胜任力模型进行总结，主要评估自己是不是适合创业：

（1）从创业者本身知识、能力上评估；

（2）从创业者角色定位上评估；

（3）从创业者性格和品格上评估；

（4）对自己和他人的性格等方面是否已经有了深入了解？能否根据模块一所学内容，从 MBTI 各角度的盲点入手，不断完善自我。

如果发现自己还不具备创业的条件，可复习 GYB 所学知识，重新评估，重新写创业想法分析书内容。

反思总结

填写学习任务单（见表5-1）。

表5-1　学习任务单

课次	5	课次名称	实战反思自我完善	上课地点	培训教室	学时	2
实训目标	知识目标	1.了解创业培训理论如何与实践对接。 2.通过实际挑战，总结本组的项目存在哪些不足，制订下一步的完善方案					
	能力目标	创业培训理论在实际创业过程中的合理应用					

实训过程记录（学生完成）：

	实训要求	实训过程详细记录
实训步骤	1.再现挑战	□熟悉　□了解　□不了解
	2.他人评价	□熟悉　□了解　□不了解
	3.团队自评	□熟悉　□了解　□不了解
	4.探究原因	□熟悉　□了解　□不了解
	5.重整自我	□熟悉　□了解　□不了解

回顾与反思（学生完成）：

通过实践，反思自己的创业想法是否符合现实目标；在创业实践活动中还有哪些不足；自己的职业性格特征、职业兴趣与创业者的思维存在哪些差距？自己是否真正具备了创业的知识和能力（举例说明）；在创业中该如何对自己的角色进行定位？你从这次反思诊断中学到了什么？在今后的创业过程中你准备怎样去做？

签名　　　年　　月　　日

课后作业

填写课后作业单(见表5-2),认真总结自己挑战的经验与教训,并对自己今后的应对措施做出规划。

表5-2 课后作业单

这次成功的经验	这次失败的教训	我该如何面对

延伸阅读

一、三人行的创业故事之五

程功、史建和刘芳他们在经营水果超市的时候,发现进来的有些水果残留有枝叶,在称重时会增加重量,造成顾客不必要的负担;部分坏烂的水果没有及时清理,让顾客感觉水果不新鲜。刘芳就将水果上残留的枝叶处理后再出售给顾客;将部分坏烂的水果做成果盘,免费供顾客品尝。史建建议设置专门的水果收纳箱,解决垃圾处理问题。程功还决定定期给环卫工人等送水果,开展献爱心系列活动。这一系列小小的举动得到了顾客的广泛赞誉。程功也因此发现真正站在顾客的角度去提供服务,会对水果超市产生有益的影响。

二、三人行的创业故事之六

水果超市在经营过程中的一些潜在问题出现了:由于分工不明确,奖惩机制不健全,导致史建和刘芳消极怠工;在购进一批高档水果时未仔细考察，导致此批产品过于昂贵而出现积压；未完全按顾客订货标准购进货品，在顾客提出异议时不能及时消除异议，导致客户的流失；在面对其他三家水果商低价竞争时，由于着急而盲目地采取降价竞争的方式应对，造成不必要的损失等。

程功他们经过讨论，认为大家虽然是合伙人，关系又很好，之前觉得分工没有必要太仔细，这是不正确的，这给很多工作的推诿扯皮埋下祸根。于是他们针对这些问题做出整改，明确岗位分工，定岗、定职、定酬，建立健全奖惩机制，多劳多得，不劳不得；在购进新产品前，必须做细致的调研，既要满足顾客的需求，又要经得起性价比的考验；在接受顾客预订前，必须全面了解顾客的要求，不清楚就仔细询问，最后签订订购意向书；在经营过程中注意控制情绪，不武断决定等。通过这些有针对性的改进措施，程功的经营逐渐走向了良性循环。程功还将先记录问题再做针对性改进的方法保留了下来，方便及时有目的地做出调整。

三、三人行的创业故事之七

程功、史建和刘芳的水果超市走上正轨后，他们仔细地回顾了自己创业的过程。他们发现自己在掌握了相关的知识和技能后，水果超市仍有一段不短的时间处于低谷期，只能勉强维持。他们在此阶段也曾彷徨，甚至想过要放弃，后来他们认真对比了创业的好处和坏处，并仔细分析了可能导致创业失败的原因，他们开始从自身找原因，三个人优点突出，缺点明显，很多情况下，彼此都不能容忍对方的缺点，但却自己无视自己的缺点，更无改正自己缺点的想法；学习和创业不能及时进行转换。经过一段时间的痛苦挣扎，他们决定痛定思痛改正自己的毛病，接纳现状出现的种种困难，保持良好的心态，不急于求成，稳扎稳打，经过一段痛苦的过程，他们的水果超市开始有了起色。

四、胜任力模型

(一)自我认知

自我认知是对自己的洞察和理解,包括自我观察和自我评价。自我观察是指对自己的感知、思维和意向等方面的觉察;自我评价是指对自己的想法、期望、行为及人格特征的判断与评估,这是自我调节的重要条件。认识自我,实事求是地评价自己,是自我调节和人格完善的重要前提。

(二)角色定位

角色定位是一个人对职业的预期,即一个人想要做些什么事情,是个体对社会规范的认知与理解。社会角色是个体对其所属社会群体或组织接受并认为是恰当的一套行为准则的认识。不同类型的工作,素质要求是不一样的,需确定哪些素质是胜任该类工作岗位所需要的素质。人们在选择创业的时候要考察自己是否具备创业需要的素质。

(三)胜任力素质模型

胜任力这个概念最早由哈佛大学教授戴维·麦克利兰于1973年正式提出,是指能将某一工作中有卓越成就者与普通者区分开来的个人的深层次特征,它可以是动机、特质、自我形象、态度或价值观、某领域知识、认知或行为技能等任何可以被可靠测量或计数的且能显著区分优秀与一般绩效的个体特征。

胜任力素质模型分为以下五个层次:

(1)知识(个体所拥有的特定领域的信息、发现信息的能力、能否用知识指导自己的行为)。

(2)技能(完成特定生理或心理任务的能力)。

(3)自我概念(个体的态度、价值观或自我形象)。

(4)特质(个体的生理特征和对情景或信息的一致性反应)。

(5)动机/需要(个体行为的内在动力)。

上述特质常用水中漂浮的一座冰山来描述,其中,知识和技能是可以看得见的,相对较为表层的、外显的个人特征,漂浮在水上,可以通过培训实现其发展;而自我概念、特质、动机/需要则是个性中较为隐蔽、深层和中心的部分,隐藏在水下,而内隐特征是决定人们行为表现的关键因素,难以对它进行培训和发展。

(四)个人特质

个人特质是指个人在为人处事时表现出自己独特的行为方式,包括气质、性格、特长、行为风格等。当个人特质和职业活动联系起来时,个人特质适合于所从事的职业。而对职业胜任有积极影响时,个人特质就成为胜任特征的一个重要方面。

创办企业意味着你要从事企业的经营活动,这与受雇于别人拿工资的情况是完全不同的。可以说,创办企业是人生的一个重大步骤,它会改变自己的生活。要创办企业,就得全力以赴,做大量艰辛的工作。只有这样,才能使自己的企业获得成功。

五、情绪管理能力

创业是一件有挑战性的工作,会面临很多挫折和困难,压力和情绪则是创业者要面对的重要问题,主要如下。

(一)消极情绪

(1)忧虑。克服忧虑情绪的卡瑞尔三步骤:

第一,问自己"可能发生的最坏的情况是什么";

第二,如果你必须接受的话,准备接受它;

第三,镇定地想办法改善最坏的情况。

(2)愤怒。控制愤怒的方式主要有转移发泄法,抓大放小法。

(3)恐惧。克服恐惧可以尝试:转移刺激,避免接触刺激物;用科学知识抵御愚笨和不安定产生的恐惧;转移注意力;锻炼意志,勇敢面对。

(4)嫉妒。控制嫉妒需要做到:关注自身,摆正自己的人生定位,关注长远目标,发扬优势;培养乐观的人生态度。

(5)猜疑。控制猜疑可以做到:理性思考,不无端猜忌;进行积极的自我暗示,树立自信心;自我安慰,增强调节能力;学会沟通,解除疑惑。

(6)自卑。控制自卑要学会客观自我分析,发现自己的长处;培养自信心理;扩大生活范围,积极参加交往活动。

(7)情绪化。克服情绪化主要在于接纳自己的情绪,学会情绪转移,进行积极心理的自我调节等。

(二)积极情绪

(1)自信——你心中点燃的心灯一盏;

(2)积极——你完全可以改变你的世界(不幸落入枯井的老驴凭积极态度让自己脱离枯井);

(3)坚持——生命是一场马拉松(狮子追羚羊的方式:从不更换追逐的目标);

(4)勇敢——困难如虎皮,一切都在表象;

(5)节制——不要让欲望成为羁绊你前进的锁链;

(6)幽默——人际交往的润滑剂;

(7)赞美——学会给人戴"高帽";

(8)微笑——冰山融化于一笑之间(一笑泯恩仇);

(9)真诚——赢得信任的最大筹码;

(10)宽容——为人处世的博大胸襟。

六、领导力

领导力是领导自己和领导组织及积极影响他人的能力,包括领导自己、团队和他人。具体来说,领导力是指在管辖的范围内充分地利用人力和客观条件，以最小的成本办成所需的事，提高整个团体的办事效率。领导力见图 5-1。

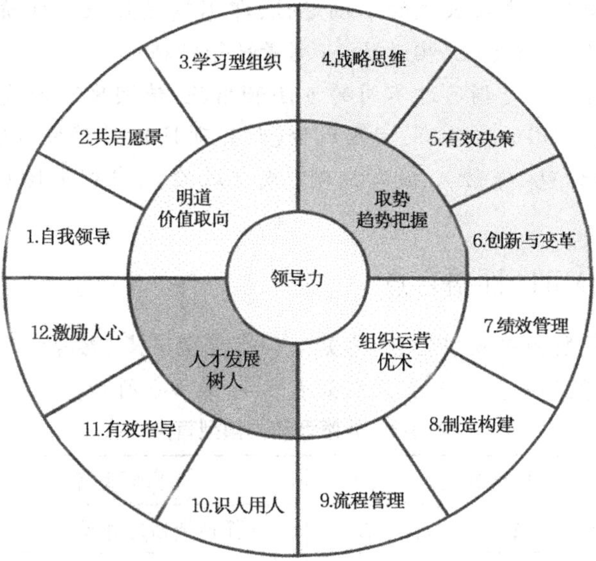

图 5-1　领导力

七、决策力

决策力是关于企业命运的决定能力，是对多种可能性的判断和选择，是人们在行动之前对行动目标与手段的探索、判断和选择的综合性能力。

正确的决策可以使一个平凡的企业走向辉煌，错误的决策会使辉煌的企业走向灰暗。善于决策的领导会变消极为积极，变被动为主动。

推荐图书《决策力》，林伟贤。

八、风险承担

风险是损失或收益的不确定性，即不确定带来的代价。其具有客观性、不确定性、相对性、可测量性等特征。

风险承担是指通过不同的方法和措施，使因风险而发生的损失最小。常用的方法有：回避风险（放弃项目）、转移风险（转嫁第三方，如分包、保险）、损失控制（减少风险）、自留风险（制定预案）。

九、MBTI 性格盲点

外倾型和内倾型盲点、感觉型和直觉型盲点、思考型和情感盲点、判断型和知觉型盲点分别如表 5-3~表 5-6 所示。

表 5-3 外倾型和内倾型盲点

外倾型盲点	内倾型盲点
对自己的关注不够，忽视了自己	选择性地回避外界信息
喜欢说，言多必失	不容易被人了解
不喜欢独自工作，坐不下来	看问题有很强的批判性，通常持怀疑态度
容易不思考冲动地行动	非常固执，经常局限在自己的想法里
只要感兴趣，什么都去做	难以用适当的方式来表达自己
对各种事情都好奇，以致总是分心	只注重自己，很少去理解他人
情感等过于外露，没有秘密	不能及时表达出自己的观点
	一旦决定的事情，会对其他的观点置之不理

表 5-4　感觉型和直觉型盲点

感觉型盲点	直觉型盲点
过分地关注眼下的结果,忽略了自己的决策和行动的长远影响	对解决问题非常着迷,却很难把它们表达出来,以至于别人不知道你在说什么
完全着眼于现在,难以预见未来的可能性	沉浸于梦想,显得不切实际
按部就班地完成任务,缺乏创新性	经常在没有了解细节和形势之前就草率地做决定
经常沉浸于具体的细节和日常的操作中	对细节没有兴趣,容易忽略细节
容易忽略事情的全局和发展变化趋势	信息收集不全就做出决定,容易武断
缺乏新颖的、有创造性的方法	忽略新方法的可行性,容易空想、不行动
过分地依赖自己的经验、能力	在事情开始阶段或有变化的阶段较为投入,难以持续投入

表 5-5　思考型和情感型盲点

思考型盲点	情感型盲点
看问题有很强的批判性,通常持怀疑态度	做决定时习惯于相信自己的感觉
容易忽略他人的感受,显得不尽人情	凭一时兴趣、冲动,有时不考虑结果
无视自己的情感和需要,忽视他人的感受	总是替别人着想,以至于让人感觉"关心过度"
对别人的情况和需要表现得较粗心、直率、无耐心	依照情感行事,无视行为所带来的后果
过于客观,自己的行动给他人带来的影响	总是避免冲突,有时会不够诚实和公平

续表 5-5

思考型盲点	情感型盲点
很客观、带有批判性地对待生活	容易忽视现实和事物的逻辑
没有时间和兴趣去体会情感	容易相信别人,不能发现别人行为背后的隐含意义

表 5-6 判断型和知觉型盲点

判断型盲点	知觉型盲点
面临应急和变化时你会不知所措	无视限制和程序
不停地制订计划并保证完成,花费更多的时间投入工作	喜欢即兴发挥,不愿意筹备和计划
容易错过外界的很多变化和信息,应变能力不足	组织纪律性比较弱,不肯服从
死板地按计划行事,不懂得变通	不愿意筹备和计划,显得没有章法
每件事情都会从头做到尾,这总是让你过度劳累,甚至产生消极情绪	同时开展多项任务与活动,容易堆积,超出自己的负荷
心里藏不住事,总要尽快地完成任务,容易压力大	无法专注于一件事情,很少能把事情"从头做到尾"

模块六　角色定位,个性展现

课题描述

本模块是利用经济学原理设计的一个教学活动,核心是价值交换规律的展现。经济学原理的基本原理说明了做每一件事都是有成本的,人们往往在权衡收益的时候才会做出决策。决策的正确与否,往往是决定创业成败的重要因素。通过本模块的学习,帮助学生真实地体验价值交换过程中暴露出的急功近利、贪婪、心胸狭隘、不合作、目光短浅等人性特征,呈现创业者潜在的社会角色定位与创业价值观存在的冲突。同时,通过学习创业基本运行规则了解如何运行创业项目。

教学目标

(1)理解经济学原理相关概念。

(2)提升创业者领导、组织、决策、沟通、谈判能力。

(3)探索自我深层次创业动机,进行创业角色定位。

(4)调整正确创业价值观。

教学重点

(1)人性的发现,角色定位的建立。

(2)创业价值观的建立。

(3)创业环境评估。

教师课前准备

一、基础版

(1)准备诺亚方舟活动相关物品。活动卡片、活动进程记录表、白板。

(2)提前做好分组方案,分成 6 个小组进行。

(3)奖励获胜小组的奖品。

(4)教师授课课件。

二、提高版

(1)准备诺亚方舟活动相关物品。活动卡片、活动进程记录表、白板(与基础版教具数量不同)。

(2)提前做好分组方案,分成 10 个小组进行。

(3)诺亚方舟升级版上交物品信息卡。

(4)诺亚方舟升级版抽签卡。

学生课前准备

回顾生存挑战活动过程。

教学方法

(1)练习法。

(2)游戏法。

实训任务

(1)通过诺亚方舟活动,学会运用经济学原理对活动中的现象进行分析。

(2)收集相关创业信息,自觉评估创业环境,把握创业机遇。

(3)运用蒂蒙斯创业过程理论了解企业运行过程。

实训步骤

一、第一步——课程回顾与引入课题(2 分钟)

通过模块五实战反思,同学们会意识到自身存在的很多问题。这些问题有可能都是表象的,引发这些问题深层次的原因又是什么呢? 如果真实创业这些问题可以避免吗? 下面让我们通过一个活动来进一步体验创业的坎坷与艰辛。

二、第二步——实训规则(5 分钟)

活动规则介绍如下:

(1)我们是世界上仅存的六群人,每群人登上诺亚方舟时分别带一种物品上船。这些物品分别是一定数量的水、油、盐、蔬菜、面包、衣服、祭品等。每群人分别携带一种物品、2 个祭品和一个鸽子。具体物品数量如表 6-1 所示。

表 6-1　物品数量

水	油	盐	蔬菜	面包	衣服	祭品
34	33	16	15	15	16	12

(2)诺亚方舟 12 个月才能靠岸,每两个月都要消耗物资,具体消耗如下:

每两个月 6 组中需要有一个小组放飞一只鸽子看看地上的洪水退了没有,每两个月每组需要上交一桶油和一瓶水,每四个月每组需要上交一件衣服、一块面包、一包盐、一份蔬菜,上岸时拥有三块祭品才能登岸(注意第 2 个月和第 4 个月上交的物品)。上交的物品见表 6-2。

表 6-2 上交的物品

第 2 个月	第 4 个月	第 6 个月	第 8 个月	第 10 个月	第 12 个月	上岸
一瓶水 一桶油	一瓶水 一桶油	一瓶水 一桶油	一瓶水 一桶油	一瓶水 一桶油	一瓶水 一桶油	三块 祭品
一件衣服 一块面包 一包盐 一份蔬菜			一件衣服 一块面包 一包盐 一份蔬菜		一件衣服 一块面包 一包盐 一份蔬菜	

(3)每单月有 3 分钟时间进行物物交换,然后每双月需要保持沉默并把东西交给诺亚。如果哪组违反规则,罚他们手中随机物品 1 个。

(4)要求:如果一次不放鸽子察看水情,则所有小组视为濒临死亡状态;如果某组不能如数上交,则进入濒死状态;如果上岸小组交不齐祭品,则也进入濒临死亡状态;如果两次交不齐物品将进入濒临死亡状态,则判定为该组死亡,要受到惩罚。

(5)如果死亡的小组手里还有物品,可以选择把它扔掉,也可以送给其他活着的小组。

三、第三步——操作步骤(50 分钟)

(1)按照活动规则,各组领取活动物品。

教学提示:

①为了活跃教学气氛,也可以让各组学生自行挑选。当有争执时,可以用猜拳方式决定,获胜者可优先挑选。

②挑选时,可以让团队讨论后进行挑选,教师要注意观察个体学生的表现。

(2)根据已宣布活动规则,学生试运行游戏至 2 月,使学生更加深入地了解活动规则。

教学提示：

各组收回已交换的物品。并强调单月用于交换时间只有 1 ~ 3 min，双月是“上帝”，礼拜需按要求上交物品，并保持沉默。后面进程以此类推。

(3)活动正式开始。

引语：现在我们最幸运的六群人已经登上了诺亚方舟，我们即将踏上前途未卜的旅程。我们知道，双月是“上帝”礼拜的时间，我们需要放飞一只鸽子察看水情，而且需要消耗相关物品。大家可以在第 1 月做好物品交换计划，并交换相应物品。

基础版活动流程：

①第 1 月，开始交换物品。(3 分钟)

②第 2 月，需要放飞一只鸽子，上交水和油。

③第 3 月，交换物品。

④第 4 月，需要放飞一只鸽子，上交水、油、衣服、面包、盐和菜。

……

⑫第 12 月，需要放飞一只鸽子，上交水、油、衣服、面包、盐和菜。

⑬上岸，上交 3 块祭品。

教学提示：

教学活动中要注意观察学生的心理变化，结合学生表现典型事例随机发布不正常天气，目的是体现创业过程的风险和不确定性；一般可以在第 6 或第 8 月发布落水人消息，考察各组施救心态，以此考察创业团队的创业价值观。

(4)活动结束，评出获胜队。

四、第四步——总结反思(30 分钟)

(1)每个小组用 5 分钟时间进行小组分享。小组分享后,各小组选派一名代表谈体会和感受。建议从失败那组开始分享。

在本次游戏活动中,谁在主导你们小组的决策? 决策对整个团队的影响是什么? 想想在今后的创业历程中我们应该怎么做。

创业者的社会角色定位对创业有哪些影响?

利益共享、合作共赢的创业价值观会给我们带来什么样的影响。

注:创业者概念为承担风险的经营者,通过寻找和把握商业机会,投入已有的技能知识,配置相关资源,创办新企业、新组织,为目标客户提供产品和服务。

(2)小组相互进行深度询问和对决。

在交换的过程中出现的相关问题。①不平等交换。②放弃所有物资。③违反规则(不放鸽子)带来的后果。④情绪的影响。⑤个人因素导致对竞争团队的影响。⑥狭隘的利己心理。

教学提示:

(1)小组内部在分享过程中可能会出现情绪低落、牢骚满腹的情况,教师要记清典型案例为课程服务。

(2)小组分享中可能会出现相互指责的现象,教师要让学生充分发言,展现人性的弱点。(注意:①运用去角色化方法,使学生从游戏情境中脱离出来,分享游戏过程;②遇到问题进行针对性的分析,分析依据参考经济学原理)

总结:决策是人们面对不同目标之间的权衡取舍,任何一种行为的成本应该用所放弃的机会来衡量,理性人通过比较边际成本与边际利益做出决策,而人们根据他们所面临的激励改变自己的行为,创业过程中不择手段地追逐利益,往往给创业失败埋下伏笔。

五、第五步——职业价值观(视情况定为10分钟)

你自己的职业价值观是什么?创业过程中自己真正追求的是什么?自己的追求与创业实际是否错位,如何去调整?

六、第六步——创业环境评估(10分钟)

(1)收集相关创业信息,捕捉创业机会的几种方式:

①手机等通信工具。例如,QQ、微信公众平台、短信等。

②看新闻、报纸、出版物。例如,中央电视台、《人民日报》、《河南日报》等一些国家媒体和省市媒体。

③政府颁布的各类文件。例如,中华人民共和国第十三个五年发展纲要。

④政府网站。例如:中国政府网、国务院网站、河南省人民政府网站。

⑤参加各类活动。例如,互联网+大学生创新创业大赛等活动。

(2)自觉评估创业环境,挖掘自身的创业潜能和创业动力。

教学提示:结合自我特质和创业环境评估,鼓励学生上网查询或通过交友来获取更多的创业方向和信息,学会挖掘适合自身特质和条件的创业项目。

学习任务单见表6-3。

课后安排(70分钟)

(1)完善培训资料,填写实训总结。

(2)填写课程期中评估表、当日意见反馈表。

(3)根据各小组回答问题、完成任务得分(筹码数)评出优秀创业团队,并举办颁奖仪式。

(4)播放挑战过程视频对整个活动进行整体回顾和分享,培训告别。

(5) 明确联系方式,做好后续支持服务衔接。

表 6-3 学习任务单

<table>
<tr><td>课次</td><td>6</td><td>课次名称</td><td>角色定位个性展现</td><td>上课地点</td><td></td><td>学时</td><td>2</td></tr>
<tr><td rowspan="2">实训目标</td><td>知识目标</td><td colspan="6">1. 理解经济学相关原理及概念。
2. 理解蒂蒙斯创业过程模型</td></tr>
<tr><td>能力目标</td><td colspan="6">1. 提升创业者领导、组织、决策、沟通、谈判能力。
2. 通过自我觉察和反省,树立正确创业价值观,实现创业整体活动</td></tr>
<tr><td colspan="8">实训过程记录(学生完成):</td></tr>
</table>

<table>
<tr><td rowspan="6">实训步骤</td><td>实训要求</td><td colspan="3">实训过程详细记录</td></tr>
<tr><td>1. 完成诺亚方舟活动</td><td>□熟悉</td><td>□了解</td><td>□不了解</td></tr>
<tr><td>2. 经济学基本理论</td><td>□熟悉</td><td>□了解</td><td>□不了解</td></tr>
<tr><td>3. 全面剖析自我创业特质</td><td>□熟悉</td><td>□了解</td><td>□不了解</td></tr>
<tr><td>4. 了解创业整体活动可能面临的问题和挑战</td><td>□熟悉</td><td>□了解</td><td>□不了解</td></tr>
<tr><td>5. 完成实训总结</td><td colspan="3"></td></tr>
</table>

回顾与反思(学生完成):

重点是通过学习创业生存挑战是否得到提升,是否觉察到自己存在什么问题?应当怎么改变?我们以后应当怎么把控?

签 名: 年 月 日

培训结束

生存挑战结束活动——放心去飞，勇敢去追

聚是一团火，散是满天星。经过两天一夜的学习和活动，在这即将分离的时刻，让我们把最美好的回忆通过这次碰撞，燃烧我们的激情，放飞每个人心中的创业梦想，勇于实现自己的创业梦。

在有时间的情况下选做以下活动：

活动一：记录努力，刻录梦想。

收集各小组在整个培训过程中的细节照片和视频，做成一个回忆录，旨在展示各个小组在创业过程中的成功与失败的片段、欣喜与失落的瞬间。

活动二：真情告白。

用彩色卡纸制作手形卡片，并在手形卡片上写上自己的真情告白（离别感言、祝福等），以小组为单位上缴，活动组织者用绳子把收集到的“手”穿在一起并悬挂起来，大家手持绳子围成一个圈，整个圈内充满真心的告白和祝福。

活动三：给自己的一封信。

全体成员，以个人的形式在 5～15 分钟完成。帮助学生运用培训的知识，给自己写一封信，向自己做出一个承诺，作为这次培训课程的成果。

活动四：激情碰撞。

所有学生和教师在教室中间手拉手围成一个圆圈，然后同声呼喊“朋友”，大家一起向中间跑，集聚在一起（培训老师注意把握尺度，避免有人受伤）。

结束语：

就要与 SYB 创业实践课程告别了，心中有千言万语想要表达，同学们克服了太多的困难，也因此付出了难以想象的努力，当

我们不再逃避,勇敢面对问题,也意味着离开心理舒适区,进入了不确定的状态。世间最美的花朵都开在最艰辛的枝头,成长就是一个破茧成蝶的过程。成长意味着冒险,也伴随着苦痛。

这个过程,会有煎熬,也会有迷茫和焦虑,但只要我们坚持思考,终究会找到解决的途径,我们会发现,每个问题解决之后,我们的人生都会变得更通透、更顺畅,不会再被同一块石头绊倒。

而每个困境背后,都隐藏着人生的礼物。

相聚的时间在人生的旅途上是非常短暂的,但是对于我们参加本次培训的学生来说却是充实而难忘的。我们相信,一次次思想的撞击都会化作燎原的火种,一堂堂丰硕的果实都会垒起自信的丰碑,一个个美好的祝愿都能激励我们在创业培训的道路上前行。

记住这段故事,让它浓郁我们的人生;收藏这份真情,让它温暖我们的心灵。

培训班有期,创业事业无尽。我们一定会在创业的道路上发光散热,让 SYB 创业培训事业锦上添花!

延伸阅读

一、三人行的创业故事之八

理论联系实际,创业之路更宽广

程功、史建和刘芳他们的企业经历了很多波折,在职责分工方面他们虽然明确了岗位分工,定岗、定职、定责、定量、定酬,建立了健全的奖惩机制,使他们的经营逐渐走向了良性循环。一段时间后,细心的程功发现史建虽然学的是营销专业,在做营销方面有一定的能力,但在水果超市管理中经常丢三落四,跟踪服务不持续,导致客户流失。

偶然一天，程功的经济学老师来到他们的超市里购买水果，史建介绍了水果超市目前运行状况，老师听后不住点头，临走时说了一句话："再看看经济学的书和蒂蒙斯创业活动模型可能对你有帮助。"于是三个人开始读书，边读边查找自己的问题，越读收获越大：

(1)有得必有失：创业使他们在经济上有所收入，创业能力也得到提升，但学业上有一定损失，没有拿到奖学金；

(2)做事都有一定量，市场需求会有一定市场容量，有饱和的时候，不可能一味扩大；

(3)创业机会是动态的，不是一成不变的，要时刻把握机会……

二、三人行的创业故事之九

创业价值观评估

程功非常欣赏刘芳工作起来认真、负责和严谨的态度，也欣赏史健的为人热情、活泼开朗。他不喜欢有些同学整天就是玩游戏，宿舍、教室、餐厅三点一线的生活。三个人之所以能够在一起创业，主要是他们不想像父辈那样老老实实在一个单位工作一辈子，想趁着年轻，敢想敢干，与众不同，通过自己的努力取得人生的辉煌。

程功在选择职业价值观卡片时，将成就感、独立性、智力挑战放在最前边，史建将社会交往、有利他人、追求新意放在最前边，而刘芳将经济报酬、轻松舒适、安全感放在最前边，三个人针对个人不同的选择展开了讨论。他们认识到，面对未来，如果大家没有一个统一想法，早晚会分道扬镳。于是他们对创业者应当具有的价值观进行认真分析：创业最关键是创新，所以将追求新意放在第一位；独立自主，是当代大学生应当具有的基本能力，将它放在第二位;成就一番事业是大家目标,所以将成就感放在第三位。大家统一意见后,分别对自己想法进行修正。但是,遇到顾客有问题的时候,程功有时会自作主张,不考虑其他合伙人想法;史建会考虑顾客利益而宁愿自己损失;刘芳会考虑收入与她的付出是否划算,会过多使用数据分析,细节上的摩擦也经常会出现在三个年轻人身上……

三、三人行的创业故事之十

创业价值观调整

史建他们将13种职业价值观分成进取心、职业舒适安定性、声望三类,最后发现进取心要放在第一类,才会得到后边两类;如果将后边任意一个放在前面,都会欲速则不达,而后边两类决定了他们对生活和创业的态度,他们各种小摩擦也是来源于对创业的价值观不同。当他们在创业过程中遇到各种问题后,才认识到创业第一需要是仁爱、宽容、利他精神,只有这样才能解决他们之间小的摩擦,达到求同存异的目的,也更有利于创业成功。当他们意识到这点的时候,他们觉得自己成熟了……

四、相关知识

(一)经济学关于人们如何做出决策的十大原理

(1)人们面临权衡取舍。

(2)某种东西的成本是为了得到它而放弃的东西。

(3)理性人考虑边际量。

(4)人们会对激励做出反应。

(5)贸易能使每个人状况更好。

(6)市场通常是组织经济活动的一种好方法。

(7)政府有时可以改善市场结果。

(8)一国的生活水平取决于它生产物品与劳务的能力。

(9)当政府发行了过多货币时,物价上升。

(10)社会面临通货膨胀与失业之间的短期交替关系。

(二)六个重要概念

1. 稀缺性

资源的稀缺性是指相对于人类多种多样且无限的需求而言,满足人类需求的资源是有限的。因为资源的这一特性,才需要经济学研究如何最有效地配置资源,使人类的福利达到最大程度。

2. 机会成本

机会成本是指为了得到某种东西而所要放弃另一些东西的最大价值。

例如:某企业有一笔闲置资金,如果用来购买设备,当年可盈利70 000元,也可存入银行,每年得到利息50 000元,那么,企业主是否应将这笔钱用来购买设备?

3. 比较优势

比较优势:如果一个国家在本国生产一种产品的机会成本(用其他产品来衡量)低于在其他国家生产该产品的机会成本的话,则这个国家在生产该种产品上就拥有比较优势。

4. 价格机制

价格机制是指在竞争过程中,与供求相互联系、相互制约的市场价格的形成和运行机制。商品价格的变动,会引起商品供求关系变化;而供求关系的变化,又反过来引起价格的变动。

5. 自由竞争

自由竞争是指可以自由地进行资本投入、转移和商品买卖的竞争。自由竞争的目的是获得平均利润或超额利润,而垄断时期竞争的目的则是获取高额的垄断利润。社会主义市场经济,依据价值规律,在宏观调控下采取自由竞争的形式,优胜劣汰,以促进经济发展。

6. 市场失灵

市场失灵是指市场无法有效率地分配商品和劳务的情况。市场失灵也通常被用于描述市场力量无法满足公共利益的状况。

(三)职业价值观

有了创业所需的丰富理论知识和实用技能,为什么在创业中还会出现很多问题?创业项目和创业技巧或许是选择创业的主要原因,但深层的创业动机,则是驱动、指导、选择个体行为的根源,它对外反映出创业者对待金钱所持的原则、态度,对内则反映出个体的兴趣、需要等。职业价值观的选择,会决定一个人是否选择创业及如何对待利润、竞争对手、顾客、员工和供应商的态度。通过本模块的学习,探索深层次的创业动力,进一步了解创业动机和价值观对创业的影响。

(1)价值观。

价值观是个人对周围的客观世界(包括人、事、物)的意义、重要性的总评价和总看法。它是人们的信仰、兴趣、需求、渴望的外在体现,它指向人们一生中最重要的东西,影响着个体的工作和选择,也是一套自我激励机制。

(2)职业价值观。

职业价值观是指人生目标和人生态度在职业选择方面的具体表现,是一个人对职业的认识和态度及其对职业目标的追求和向往。主要包括以下十三项内容:

①利益他人:工作的目的和价值在于直接为大众的幸福和利益尽一份力。

②美的享受:工作的目的和价值在于能不断地追求美的东西,得到美的享受。

③智力挑战:工作的目的和价值在于不断通过智力的操作、动脑思考、学习及探索新事物,解决新问题。

④成就感:工作的目的和价值在于不断创新,不断取得成就,

不断得到领导与同事的赞扬或不断完成自己想要做的事。

⑤独立性：工作的目的和价值在于能充分发挥自己的独立性和主动性，按自己的方式、步调或想法去做，不受他人的干扰。

⑥社会地位：工作的目的和价值在于所从事的工作在人们心目中有较高的社会地位，从而使自己得到他人的重视与尊重。

⑦管理他人：工作的目的和价值在于获得对他人或某事物的管理支配权，能指挥或调遣一定范围内的人或事。

⑧经济报酬：工作的目的和价值在于获得优厚的报酬，使自己有足够的财力去获得自己想要的东西，使生活过得较为富足。

⑨社会交往：工作的目的和价值在于能和各种人交往，建立比较广泛的社会联系和关系，甚至能和知名人物结识。

⑩安全感：不管自己能力怎样，希望在工作中有一个安稳的局面，不会因为发奖金、加工资、调动工作或被领导训斥等经常提心吊胆、心烦意乱。

⑪轻松舒适：希望能将工作作为一种消遣、休息或享受的形式，追求比较舒适、轻松、自由、优越的工作条件和环境。

⑫人际和谐：希望一起工作的大多数同事和领导人品较好，在一起相处感到愉快、自然，认为这就是很有价值的事，是一种极大的满足。

⑬追求新意：希望工作的内容经常变换，使工作和生活显得丰富多彩，不单调枯燥。

在人生职业的初期，我们想将所有感兴趣的职业都试试，但是真正面临选择的时候，又会犹豫不决。每个人都有自己独特的价值观，它会对人们的行为和选择产生影响，重要的不是去评判这些价值观的对错，而是去考虑它们给自己的生活和职业发展带来的影响，并适时做出调整，同时还要明确价值观会随着工作的改变而改变。

在实际生活中的职业选择远比人们做出的选择艰难，比如，一个人希望发展创造性的才能，想创业，但又想当一个著名的演员，或者是一个有影响力的工程师。很显然，鱼和熊掌不可兼得，他需要有所选择，在两种期望之间做出最终的选择。

社会主义核心价值观中国家层面的价值目标是富强、民主、文明、和谐，也是一个创业团队应当遵守共同的价值观；社会层面的价值取向是自由、平等、公正、法治，是创业团队管理的价值观；公民个人层面的价值取向是爱国、敬业、诚信、友善，是每一个团队成员应遵守的价值观。

（四）关于创业者的神话

神话1——创业者无法塑造，而是天生的

现实情况——即使创业者天生就具备了特定的才智、创造力和充沛的精力，这些品质本身也只不过是未被塑形的泥巴和未经涂抹的画布。创业者是通过多年积累相关技术、技能、经历和关系网才被塑造出来的，这当中包含着许多自我发展历程。具有至少10年或10年以上的商业经验，才能识别各种商业行为，并获得创造性的预见能力和捕捉商机的能力。

神话2——任何人都能创建企业

现实情况——创业者如果能够识别出思路和商机间的区别，而且思路足够大气，他们创办企业成功的概率就比较大。即使运气在成功中很重要，充分的准备仍是必要条件。创办还只是最简单的一部分，更困难的是要生存下去，维持经营，并把企业发展成最终可以让创办者喜获丰收的企业。在10~20家新企业中大约只有1家能够存活5年或5年以上，最后可以给创始人带来资本回报。

神话3——创业者是赌徒

现实情况——成功的创业者会精确计算自己的预期风险，小心翼翼。在有选择的情况下，他们通过让别人一起分担风险、规避风险或将风险最小化，来影响成功的概率。他们常常把风险分割成可接受、可消化的小块；那时，他们才肯付出时间和资源，看哪部分的风险——收益是否划得来。他们不会故意承担更多的风险，不会承担不必要的风险，当风险不可避免时，也不会退缩。

神话4——创业者喜欢单枪匹马

现实情况——想要完全拥有整个公司的所有权和控制权，只会限制企业的成长。单个创业者通常只能维持企业生存，想单枪匹马地发展一家高潜力的企业是极其困难的。高潜力的创业者会组建起自己的团队、自己的组织，然后是自己的公司。所以，与其抢一块大一点的蛋糕，不如大家协力把整个蛋糕做得大一些。

神话5——创业者是他们自己的老板，他们完全独立

现实情况——创业者离完全独立很远，他们需要为很多人服务，其中包括合伙人、投资者、客户、供应商、债权人、雇员、家庭以及其他社会和社区义务的相关方。但是，创业者可以自由选择是否、何时以及做些什么以对他们做出响应。而且，要单枪匹马地获得超过100万~200万美元的销售额是极其困难的，可以说，几乎不可能。

神话6——创业者比大公司里的经理工作时间更长，工作更努力

现实情况——没有证据证明，所有创业者都比公司里与他们地位相当的人工作时间更长。有一些可能是工作的时间长一些，

而有些则不是。事实上,一些研究报告显示,他们工作的时间更少。

神话7——创业者承受巨大的压力,付出高昂代价

现实情况——做一个创业者是有压力的、是辛苦的,这一点毫无疑问。但是没有证据证明,创业者比其他无数高要求的专业职位承受更大的压力,而且创业者对他们的工作往往非常满意。他们有很高的成就感,他们更健康,而且不太容易像那些为别人打工的人那样轻易退休。说自己"永远也不想退休"的创业者是公司中职业经理的3倍。

神话8——如果创立一家企业失败了,你将再也无法翻身

现实情况——有才能、有经验的创业者——因为他们追逐的是有吸引力的商机,而且他们能够吸引到使企业顺利运作的合适人才、必要的资金及其他资源,所以他们创建的往往是成功的企业。而且,即使企业失败了,并不能说创业者也失败了。失败常常是对创业者的学习经验和职业悟性提炼的过程。

神话9——钱是创立企业最重要的要素

现实情况——如果有了其他的资源和才能,钱自然随之而来;但是,如果创业者有了足够的钱,成功却不一定会随之而来。钱是新企业成功因素中最不重要的一项。钱对于创业者而言就像是颜料和画笔对于画家那样,它是没有生命的工具,只有被适当的手所掌握,才能创造奇迹。

神话10——创业者必须年轻并且精力充沛

现实情况——这些特征虽然会对成功有帮助,但年龄绝不是障碍。创立高潜力企业的创业者其平均年龄是35岁左右。60多

岁才开始创办企业的创业者也为数甚多。关键是要掌握相关的技术、经验和关系网，它们非常有助于识别和捕捉商机。

神话11——万能的金钱回报是创业者唯一的驱动力

现实情况——追求高潜力企业的创业者更多的是被创建企业、实现长期的资本收益所驱动，而不是追求高额工资、奖金这些立即可以获得的报酬。个人的成就感、对自己命运的把握、实现他们的期望和梦想也是强有力的动机。金钱只是保持成就的工具和方式，其本身并不是最终归宿。创业者总是不断地一次又一次地追逐，并为此兴奋不已，即使当一个创业者赚了几百万甚至更多时，他(她)还是会继续工作，憧憬着创建另一家公司。

神话12——创业者追求权力，喜欢控制别人

现实情况——成功创业者的驱动力量来自对责任、成就和结果的追求，而不是为了权力本身。他们沉醉于成就感和超越竞争对手的感觉，而不是为了满足主宰和控制他人的个人权力欲。凭借他们的成就，他们可能变得有权力、有影响力，但这些只是创业过程的副产品，而不是隐藏其后的驱动力。

神话13——如果创业者是有能力的，只需1~2年，他们就会成功

现实情况——风险投资家有一句古老的格言：柠檬只要两年半就成熟了，但李子需要七八年才能结果。几乎没有一家新企业可以在三四年的时间里站稳脚跟。

神话14——任何一个有好思路的创业者都能获得风险投资

现实情况——在创业者具有好思路的情况下，100个寻求风

险资本的企业中只有1～3个最终获得投资。

神话15——如果创业者拥有足够的启动资金，他/她就一定不会失败

现实情况——事实恰恰相反，也就是说，如果企业创立初期资金过于充裕，常常会造就安乐感和类似被宠坏的孩子的症状。随之而来的缺乏约束和冲动的花费通常会导致严重的后果和失败。

神话16——创业者是孤独的狼，他们无法与其他人一起工作

现实情况——最成功的创业者通常也是组建优秀团队的领导者，他们与同事、顾问、投资者、重要客户、关键供应商等保持着有效的工作关系。

神话17——高考分数达到600分以上，否则你就永远不可能成为成功的创业者

现实情况——创业智商是一个特定的组合，是由创造力、动机、正直、领导才能、团队建立、分析能力、处理模糊性和消极因素等多种因素组成的结合体。

附 件

附件一 团队岗位定岗定责表

岗位	工作说明	所需素质或技能	成员定岗
助教(供货商、市场管理)			
监督员			
总经理	做计划、定目标、监督实施、协调内部关系、与工商税务等单位打交道	有主见、认真、果断、善于应变、容易交往	
财务部	出纳、收款、记账、管理现金、盘点库存	认真踏实、有条理、诚实	
销售管理	市场调查、与顾客建立和保持良好关系、接订单、销售预测、制定价格、提出促销方案、发货送货、采购原料	认真、思路敏捷、有生机、善于与人交往、有谈判力、守信用	
企业计划			
成本核算			
进货管理			
正能量大使			
爱心大使			
⋮			

附件二　记账表

时间	项目	发票号	现金			库存			备注
			流入	流出	结余	流入	流出	结余	

使用说明：1. 将折旧计入在内；

2. 学会具体使用（零售商和监督者都要会使用并达成共识）；

3. 用完可以再申请。

附件三 进货表

序号	品名	数量	单价	金额	采购日期	备注

附件四　模拟营销演练活动场地示意图

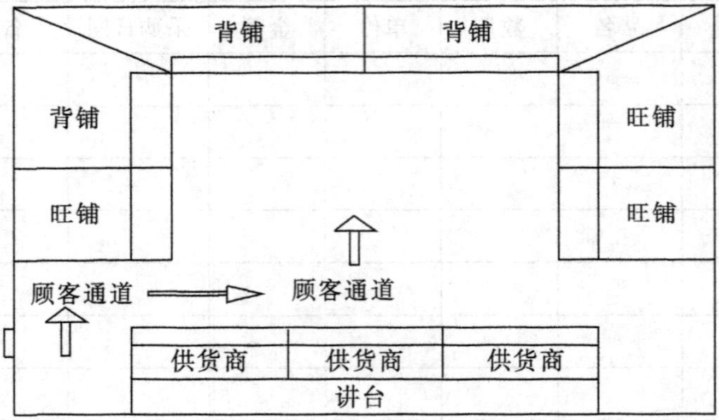

附件五　路演演讲现场和谈判场地布置示意图

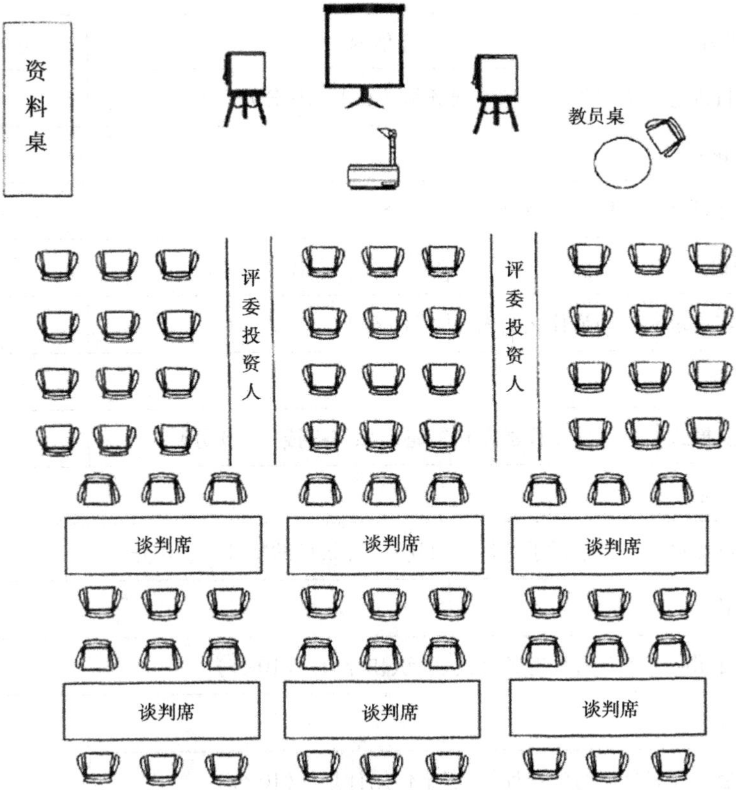

附件六 项目路演评估表

<table>
<tr><td>项目名称</td><td colspan="2"></td></tr>
<tr><td>评估点</td><td>评估内容</td><td>得分</td></tr>
<tr><td>项目创意</td><td>描述你的产品或服务是什么？(10分)</td><td></td></tr>
<tr><td colspan="3">评论：</td></tr>
<tr><td>目标顾客</td><td>目标市场及规模。(10分)</td><td></td></tr>
<tr><td colspan="3">评论：</td></tr>
<tr><td>顾客需求</td><td>人们为什么会需要？(10分)</td><td></td></tr>
<tr><td colspan="3">评论：</td></tr>
<tr><td>商业模式</td><td>采用什么样的营销策略？如何赚钱？(10分)</td><td></td></tr>
<tr><td colspan="3">评论：</td></tr>
<tr><td>项目优势</td><td>与竞争对手的优势对比；顾客认可的特征。(10分)</td><td></td></tr>
<tr><td colspan="3">评论：</td></tr>
<tr><td>项目团队</td><td>团队所拥有的技能、知识和经验。(10分)</td><td></td></tr>
<tr><td colspan="3">评论：</td></tr>
<tr><td>资金管理</td><td>合理的融资计划，资金使用计划。(10分)</td><td></td></tr>
<tr><td colspan="3">评论：</td></tr>
<tr><td>整体印象</td><td>个人形象、沟通能力、语言表达能力(10分)</td><td></td></tr>
<tr><td colspan="3">评论：</td></tr>
</table>

附件七 ××项目融资合作协议

甲方： 乙方：

鉴于甲乙双方都具有明确的投资意愿和投资意向，经友好协商，彼此本着互利互惠的原则，着眼于未来的投资进行融资，特签订本协议。

第一条 甲乙双方基本权利

1. 甲方全程谋略规划投资项目，向融资方讲解清楚项目执行方案。

2. 乙方赋予甲方权利，进行项目投资，监督甲方项目执行情况。

第二条 融资项目

1. 此协议属风险投资资本运作范畴，由甲方主要负责调研市场，寻找投资机会，并在选择合适的项目后与乙方协商投资事宜，启动投资。

2. 乙方接受甲方提出的融资要求，接受注资后（投资后）甲方对于资金的全盘运作。

第三条 融资额度及打款

1. 本次融资额度为（大写）__________元人民币，利息____%。

2. 签订融资协议后，投资方即当面付清现金。

3. 本次活动结束，甲方需向乙方返还本金和利息。

第四条 双方承诺

1. 甲方应本着诚信、专业、高效的职业精神提供优质的投资服务。

2. 甲方不得要求乙方做从事有违国家法律、法规的事情。

第五条 合同争议的解决

1. 本协议履行过程中如发生争议，由双方当事人协商解决。

2. 本协议一式两份，双方签字生效。

甲方： 乙 方：

联系方式： 联系方式：

附件八　创业生存实践活动贷款合同

贷款方（以下称甲方）：________ 借款方（以下称乙方）：____
姓名：________ 姓名：________

乙方提出的创业方案和项目，甲方已经审查批准，同意给予创业基金贷款（以下简称贷款），签订合同如下：

第一条　甲方将贷款人民币贰佰元，发放给乙方，专用于帮助乙方创业。

第二条　本款为________贷款，日利息______。

第三条　贷款期限

乙方对贷款使用期限为____壹天____，贷款期限自签订贷款合同之日10:00____开始计算。签订合同之日18:00归还贷款本金。

第四条　乙方保证将贷款用于经甲方批准的创业项目（专款专用），在收到贷款当日，乙方开展项目运作。

第五条　甲方应在合同生效时，按合同规定数额向乙方提供贷款。甲方有对乙方的经营进行监督的权利和义务。

第六条　合同生效时间。

合同自签署之时起生效。

第七条　罚则

乙方若不能将贷款用于经甲方批准的创业项目，则按有息贷款执行，日利息25%。

第八条　本合同未尽事宜双方协商解决。本合同一式三份，甲、乙、助教各一份。

甲方（签字）：____ 乙方（签字）：____ 助教（签字）：______
联系方式： 联系方式： 联系方式：

________年______月______日

附件九 生存挑战活动团队分工表单

人员(姓名)	工作内容	需要的技能	需要的性格	任务完成情况

附件十 《创业生存挑战——创业实训》课程标准(试行)

《创业生存挑战——创业实训》是围绕 SIYB 创业培训项目——创业意识(GYB)培训部分而开发的后续实操训练项目。该项目主要是根据大学生特点,通过模拟或创建真实的实训情境,使学员在学习分析市场、制订计划、营销策划、组织销售、财务管理等一系列知识的基础上,深刻领悟企业经营和管理的基本规律,产生更有效的创业想法,实现全面提升学员创业能力的目标。

为规范大学生创业实训教学管理,强化创业实训课程教学效果,新乡市创捷职业培训学校根据 SIYB 创业培训体系目标要求编写了《创业生存挑战——创业实训》标准(试行)。本标准是创业培训地区开展创业实训课程教学工作以及创业实训师资培训的基本技术要求。

本标准制定了创业实训课程的组织流程和技术要点,共有 6 个部分:

1.《创业生存挑战——创业实训》教学大纲。

2.《创业生存挑战——创业实训》课程的学员培训周期及技术要点。

3.《创业生存挑战——创业实训》课程的讲师培训周期及技术要点。

4.《创业生存挑战——创业实训》课程的创业培训机构的选择技术参考要点。

5.《创业生存挑战——创业实训》教学辅导平台技术服务标准。

6. 相关表格。

1 《创业生存挑战——创业实训》教学大纲

1.1 课程设计思想

《创业生存挑战——创业实训》项目,一是吸收多年创业培训技术成果的精华,结合当代大学生年龄和职业生涯发展特点,融合创业培训、团体辅导、生涯规划等先进教学内容而开发的一门实用性精品课程。二是利用行动导向、真实演练、互助学习等培训手段,结合互联网测试评估平台、网络教学平台,对学员进行创业与职业化指导训练,指导创业学员学会用创业理论来指导创业实践。三是帮助学员提升自我认知能力,对创业进行准确的角色定位,使创业者在做好心理和技术上准备的同时,能产生切实可行的创业想法。

1.2 课程说明

1. 课程名称:创业生存挑战——创业实训。

2. 学时:24 学时(18 小时)。

3. 培训对象:GYB 结业后学员。

4. 课程类型:创业实训。

5. 教学安排:连续三天培训

1.3 《创业生存挑战——创业实训》项目的特点

该项目具有以下特点。

1.3.1 独特性

采用限时创业生存挑战,通过周密计划,实现智慧创新。

1.3.2 自主性

打破传统创业活动形式,从团队组建、宣传推广到营销策略,再到目标达成,全程自主决策,自由发挥。

1.3.3 草根性

只要想创业、有创业想法或有意尝试创业的社会人,均可通过《创业生存挑战——创业实训》项目来体验创业的过程。

1.4 《创业生存挑战——创业实训》项目的目的

目前,我国大部分青年创业者由于经验不足,对社会感到陌生、茫然、不知所措,对创业知识有所了解却没有实践经历,对自我认知不够清晰、定位不准,因此《创业生存挑战——创业实训》项目针对这些问题增加了实践环节,在教学过程中有目的、有意识地培养学员社会适应能力、增强创业理论的理解和运用,体会理论与实践的有效衔接,并深入挖掘自己的性格、能力、素质等特质和潜力,找准自身不足,做有针对性的提升和调整。

1.5 《创业生存挑战——创业实训》项目与 SIYB 培训项目的关联

《创业生存挑战——创业实训》项目不同于社会上流行的生存挑战活动,是 SIYB 创业培训项目中的创业意识培训(GYB)课程的一个延伸实操训练课程,是 SIYB 创业培训项目在实践部分的有效补充。《创业生存挑战——创业实训》课程体系采用模块化设计,通过完成不同模块的教学任务来实现课程目标。学员通过完成自我认知、组建团队、营销演练、融资路演等模块的教学任务后,能依据自己的特长选择产品,进行销售预测,梳理并设计整体创业生存挑战计划,并付之行动,最终达到个人综合能力的整体提升。它将创业理论与实际训练有效结合,并将计划、实践、提升统一为一体,更有针对性和有效性。

1.6 《创业生存挑战——创业实训》项目的发展目标

通过《创业生存挑战——创业实训》教学活动,指导学员初步学会使用创业培训各种方法和工具,提高学员的综合素质和创业能力。

1.6.1　个人素质提升

1. 使学员了解创业者应当具备的基本素质和能力。
2. 培养学员的职业兴趣。
3. 提升学员社会责任感。

1.6.2 创业能力提升

通过创业生存挑战项目,强化学员创业意识,激发创业热情,提高创业能力,坚定创业信心,增强社会责任。

1.6.3 综合修养提升

1. 通过项目培训,使学员在沟通交流、团队合作、了解社会方面的能力进一步增强。

2. 通过生存挑战,增强挫折耐受力,积累社会生存技巧,掌握必要的应急处理方案,使学员生存能力得到锻炼和提升。

3. 培养创新意识和自立自强精神。

1.7 《创业生存挑战——创业实训》项目的受益群体

《创业生存挑战——创业实训》项目的受益群体:一是有创业意识和创业能力并有志创业的在校大学生;二是有创业意识和创业能力并有志创业的大中专院校毕业生;三是有创业意识、创业能力并有志创业或已创业的复员退伍军人、妇女、农民工、就业困难群体、残疾人及社会其他特殊群体。

1.8 参加培训的人员

参加过 GYB 或 SYB 培训的学员,即有一定创业理论基础,有提升创业能力想法的在校大学生、刚毕业的大学生、复员退伍军人、妇女、农民工、就业困难群体、残疾人及社会其他特殊群体。

1.9 培训原则与方法

采用行动导向的培训方法,利用 GYB 产生企业想法的知识产生出一个切实可行的创业想法,并具体实施。让学员在培训中完全参与创业的实际过程,在实践中去论证产生的企业想法是否可行,自己的企业想法还有哪些方面不够完善,作为一名创业者,知识、经验还存在哪些不足等,通过创业生存挑战修正自己已有的企业想法。

1.10 《创业生存挑战——创业实训》项目的体系

1.10.1 项目采用的实训课程体系

该项目采用两种实训课程体系：

GYB + 创业实训类课程（直联班）和 GYB 后单独组建团队类课程(精品班)两种培训模式。

GYB + 创业实训类课程（直联班）主要针对在创业培训授课前将 GYB 和创业实训两个课程统一安排教学中，一般设计为两个周末完成教学任务，在 GYB 授课环节中增加明确的教学目标：产生一个在下周创业实训中尝试的企业想法。创业实训课程则按照教学模块设计，在任课教师指导下进行自主融资、自主进货和销售。

GYB 课程后重新组建实训教学班级(精品班)，需完成的教学目标是产生切实可行的企业想法、融资、进货、销售等教学模块。

1.10.2 《创业生存挑战——创业实训》课程主要内容

该项目的课程体系为三天创业培训课程标准模式，共 24 个课时(45 分钟/课时)，采取集中授课、实际演练相结合的方式。

模块一评估自我，组建团队：着重阐述创业者个人的性格对创业成功的影响，以及搭建创业团队的构架，具体分工并最终组建团队。

模块二项目筛选，营销演练：重点通过情景化设计，模拟市场环境，引导学生进行市场调研和销售演练，帮助学生制订切实可行的创业计划。

模块三论证计划，谈判融资：重点通过模拟投资人的投资行为，论证创业计划内容是否符合市场运作要求。

模块四创业体验，生存挑战：是本课程的教学核心，是对学生语言表达能力、沟通能力、心态把控能力、心理承受能力、应变能力、销售能力等创业能力和素质的全面考察。

模块五实战反思，自我完善：是创业过程的全面诊断和反思，帮助学生重新认知自我、找出不足、理清创业思路，确定自己是否适合创业,以及自己选择的项目是否切实可行。

模块六角色定位,个性展现:是帮助创业者明确在创业过程中除需要知识和技能、资金等表象的内容外,更重要的是要激发出学生隐藏在自身中深层次的素质和决定创业成败的动机、人格、价值观等创业动力因素。

1.11 《创业生存挑战——创业实训》项目教材体系

《创业生存挑战——创业实训》项目教材体系包括学生教材、网络教学平台、教学大纲、教师手册、课程标准等。

《创业生存挑战——创业实训》是以 GYB\SYB 课本为蓝本的实践教材,教材围绕可操作性原则,将 GYB 内容归纳整理成可操作的行动实践模块,更有利于学员学习;教材中将专业测试量表以游戏活动形式呈现,既活泼又实用,有针对性的解释分析,使学生对自我有一个全面评估,更易找到自身专长和弱点,明确自我完善方向;在实训过程中有针对性地做出问题预案,易于把握操控实践活动;利用职业价值观、经济学原理设计课程,促进创业学员个人成长,使学员更易在创业大潮中实现成功创业的梦想。

2 《创业生存挑战——创业实训》课程的学员培训周期及技术要点

创业实训课程学员培训周期(简称培训周期,见附图 10-1)是指组织一期创业实训学员班所涉及的各个步骤,包括推介(市场营销)、选择学员、培训需求分析、实施培训、后续支持服务和对整个周期的监督与评估。

2.1 培训周期第一步——推介(市场营销)

推介(市场营销)是指运用专业的推介工具,选定合适的时间,并通过组织线上、线下等推介活动,向潜在的培训目标群体推介创业实训及后续服务,从而吸引其关注并产生参加相关创业培训活动的意愿。

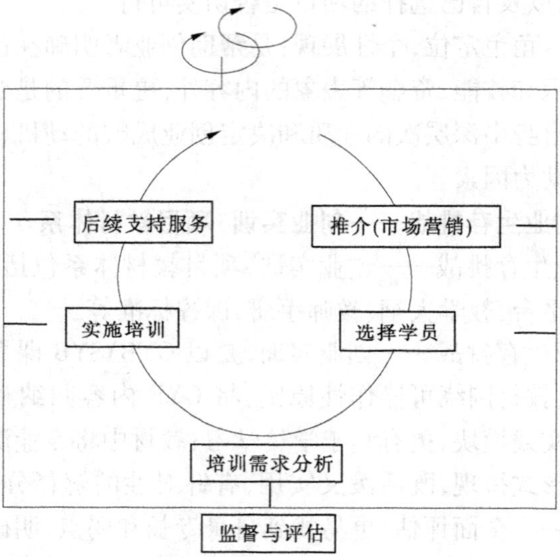

附图 10-1 创业实训学员培训周期

2.2 培训周期第二步——选择学员

选择学员是指在推介环节之后,培训机构根据潜在培训对象参与创业实训的意愿和需求进行筛选和区分,挑选出能够从培训中受益的群体,根据其实际情况合理分配到合适的培训班中。

培训机构应高度重视选择学员环节,结合学员创业意愿,帮助其选择适合自己能力水平的培训课程,以最大程度保证培训效果。

为保证选择学员环节客观、准确、高效,培训机构应使用选择学员的标准工具,并按照以下流程组织选择学员工作。

2.2.1 选择学员标准工具

选择学员标准工具包括《创业培训学员入学登记表》和《创业培训学员选择标准》。

学员选择标准:

1. 有自主创业的动机,有了解自我、提升自我创业能力的想法;

2. 具备参加培训的条件（在校大学生或刚毕业的大学生、有一定创业理论知识和操作能力）；

3. 有全程参与培训的时间保障。

2.2.2　填写收集学员信息

培训机构的创业实训讲师或机构工作人员要组织有意愿参加创业培训的潜在学员填写相关表格。将学员按照实际情况分别安排到不同培训班中。由讲师汇总收集学员信息，进行评估和分类，确定参加培训的学员名单。

2.3　培训周期第三步——培训需求分析

培训需求分析是指参与创业实训课授课的讲师通过使用网络平台使用专业方法和工具，分析学员对培训的确切需求的过程。在培训班开班前，参与该班授课的讲师应根据学员填写的《创业培训学员入学登记表》，对该班学员的培训需求进行系统分析，以便在备课和授课时设计和实施有针对性的教学计划。同时，讲师应与培训机构进行有效沟通，便于在培训班组织和后勤保障上为学员提供相应服务，从而保证培训效果。

2.4　培训周期第四步——实施培训

实施培训是指培训机构筹备和开办《创业生存挑战——创业实训》学员培训班的过程。

2.4.1　培训前筹备（见附表10-1）。

附表10-1　培训前筹备

学员人数	50～60人
场地设备	培训场地面积不小于60 m^2； 可移动桌椅，呈“岛形”摆放，以便满足建立“团体辅导”的教学需求； 投影仪、幕布、白板、话筒； 可连接投影仪的笔记本电脑（培训师可自带）

续附表 10-1

学员人数	50 ~ 60 人
确定授课讲师	每班由 1 ~ 2 名持有创业实训资质的讲师授课
准备教材教具	学员应人手一本 GYB 教材和一本《创业生存挑战——创业实训》手册
课程安排	培训机构与授课讲师及时沟通，按照《创业生存挑战——创业实训》标准课程安排授课。特殊情况下，讲师根据对学员进行的培训需求分析结果与培训机构沟通，报请主管部门同意后，可对标准课程安排进行微调，但必须保证标准课时数，以确保完成教学内容和任务

注：1. 培训机构应该是由当地创业培训主管部门认定的有开展创业培训课程资质的创业培训机构。

2. 创业实训讲师是指通过培训并获得《创业生存挑战——创业实训》讲师培训合格证书的师资。

2.4.2　培训核心要求(见附表 10-2)

附表 10-2　培训核心要求

课时要求	24 学时
考勤要求	学员参加创业实训，需严格遵守课堂纪律，不旷课，不迟到，不早退。无故旷课或请假超过 4 个学时的学员取消其参加实训机会，考勤参照省人社厅 GYB 培训要求执行
监督评估要求	讲师在培训期间采用全套 SIYB 标准监督评估工具表单
考试要求	理论考试 填写创业实训总结(对产生的创业想法有验证报告) 提交团队成绩评出最佳团队授予奖杯

2.4.3　《创业生存挑战——创业实训》教学辅助平台要求

为达到理想的培训效果，并保证学员在规定学时内高效完成培训及创业实践任务,大学生创业实训相关课程需要由教学辅助平台提供技术支持。创业实训理论考试需要登录到教学辅助平台上参加。各地须与研发机构合作,选择引进该机构自主研发的网络教学辅助平台。

2.4.4 《创业生存挑战——创业实训》教学流程(见附图10-2)

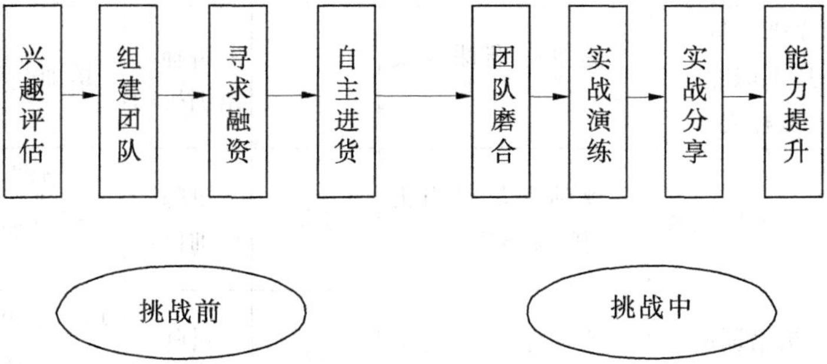

附图10-2 教学流程

2.5 培训周期的第五步——培训的后续支持服务

同SIYB课程要求进行。

2.6 培训周期的第六步——监督与评估

监督与评估是指为了测量和分析创业实训活动取得的进展情况和培训效果而进行的所有收集、分析信息的过程。

2.6.1 监督评估工具表单(见附表10-3)

2.6.2 创业实训学员培训班监督评估工具表单(略)

1. 创业培训学员班设备教具清单(略)

附表10-3 监督评估工具表单

工具名称	作用	填写人	使用者	使用时间
创业培训学员入学登记表	选择学员、培训需求分析、收集学员个人和企业情况信息	讲师、讲师指导学员填写	学员	培训开始前(SIYB通用表单)

续附表 10-3

工具名称	作用	填写人	使用者	使用时间
创业培训学员班设备教具清单	做好培训前筹备工作		培训机构	培训开始前
实训学员培训标准课程表	提供标准课程安排		讲师 培训机构	培训全程
每日意见反馈表	评估学员对当天培训的满意度	学员	讲师 培训机构	每天培训结束（SIYB 通用表单）
学员培训班期末评估表	评估学员对整个培训课程的满意度	学员	讲师 培训机构	培训结束时（SIYB 通用表单）
创业实训总结	检验、考核学员完成实践任务情况	学员	讲师 培训机构	培训结束时
直联班的课程要求	对课程细节要求			培训前
创业实训优秀团队评分表	优秀团队排名标准	讲师	讲师 培训机构	培训结束后
创业培训学员班 TOE 活动报告	总结培训活动，收集学员收获及其企业经营信息	讲师	讲师 培训机构	培训结束后（SIYB 通用表单）
创业培训学员后续支持活动报告	了解学员后续支持服务需求	讲师	讲师 培训机构	培训结束后（SIYB 通用表单）

2. 实训学员培训标准课程表（略）

3. 创业实训总结(略)
4. 直联班、精品班的课程要求(略)
5. 创业实训优秀团队评分表(略)

3 《创业生存挑战——创业实训》课程的讲师培训周期及技术要点

该项目讲师培训周期(简称培训周期)是指组织讲师培训活动所涉及的各个步骤(同 SIYB 培训周期),包括筛选、培训需求分析、实施培训、后续服务、评估认证,以及对整个周期的监督与评估。

大学生创业实训讲师培训周期见附图 10-3。

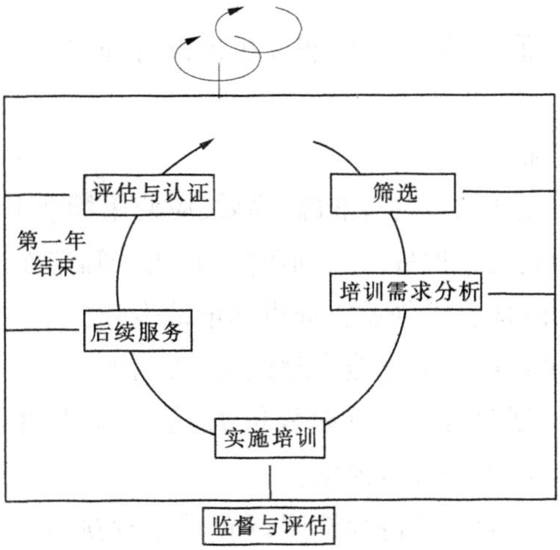

附图 10-3　大学生创业实训讲师培训周期

3.1　培训周期第一步——筛选

筛选是指对申请参加《创业生存挑战——创业实训》讲师培训人员进行筛选,合格后才能参加下一步的培训。

3.1.1 筛选条件

1. 持有中国就业培训技术指导中心颁发的《创业培训(SIYB课程)讲师培训合格证书》优先考虑。

2. 具有全日制大学本科及以上学历,年龄为28~40岁,了解大学生学习特点,熟悉创业过程,具备市场营销、人力资源管理等专业知识的优先考虑。

3. 具有成人教学经验,有创业经历和团体辅导者优先。

4. 优先考虑普通教师和一般工作人员,原则上不考虑承担行政职务或行政工作较多的人员。

5. 愿意主动承担创业实训任务,能够保证从事创业实训的教学时间。

6. 职业价值观端正,工作态度积极,符合创业实训教师的职业特征。

3.1.2 筛选流程

为保证筛选环节客观、准确、高效,应使用标准工具,按照以下流程组织《创业生存挑战——创业实训》讲师筛选面试工作:

1. 申请讲师填写《创业实训讲师申请表》。

2. 申请讲师填写职业能力测试量表一套。

3. 大学生创业实训主办机构依据《创业实训讲师申请表》和测试结果对申请讲师进行评估。

4. 符合要求的申请讲师按照《〈创业生存挑战——创业实训〉面试评分表》进行面试。

5. 评估小组依据创业实训讲师标准及面试结果淘汰不符合条件的申请讲师。

申请讲师在面试中得分不低于60分;在此基础上,择优选择出多于30人进入大学生创业实训讲师培训班。

3.2　培训周期第二步——培训需求分析

根据省人社厅要求，在讲师培训班开班前，参与该班授课的培训师应根据讲师申请表和讲师面试评分表等有关工具，对师资班学员的培训需求进行系统分析，以便在备课和授课时设计和实施有针对性的教学计划。

培训需求分析可以作为筛选环节的参考内容，与筛选面试同时进行。

3.3　培训周期第三步——实施培训

3.3.1　培训筹备（见附表 10-4）

附表 10-4　培训筹备

培训人数	20～25 人/班为宜，不得超过 30 人/班
场地设备	培训场地面积不小于 60 m^2。 30 套可移动桌椅，呈“岛”形摆放，以便满足团体辅导的教学需求。 投影仪、幕布、活动式白板、话筒、音响；可连接投影仪的笔记本电脑（培训师可自带）。 确保人手一部可上网的智能手机，教室实施无线网络全覆盖
确定授课讲师	根据省人社厅安排确定开班时间和地点，统一派遣两名创业实训师共同承担授课任务
准备教材教具	参训讲师应人手一本《创业生存挑战——创业实训》学员教材、一本《创业生存挑战——创业实训》教师手册和其他两本教辅资料。 所需教材、设备、教具参见《创业实训教材设备教具清单》
课程安排	主办方与授课创业实训师及时沟通，按照该项目标准课程表进行授课，以确保按标准完成教学内容和任务

3.3.2　培训核心要求(见附表10-5)

附表 10-5　培训核心要求

课时要求	前期:①网络预习课程。要求集中授课开始前一周内必须进行六次网络课程的学习(做好集中授课预热学习)。②集中授课环节。授课时间为七天,其中前四天为创业实训课程的模拟授课及原理讲解,第五天进行复习考试,第六天、第七天进行试讲。 中期:集中培训结束一周内,进行网络课程的学习,复习创业实训课程授课过程中相关理论知识。 后期:经过一年的学习,进行试讲。由创业实训培训师进行听课评估,给予授课改进意见(每个学员必须对项目推介和评估自我、组建团队模块进行试讲并通过)
考勤要求	参加创业实训讲师培训班,需严格遵守课堂纪律,不旷课,不迟到,不早退;否则,将取消其参加结业考试的机会
监督与评估	监督与评估(创业实训师在讲师培训期间应全程使用创业培训讲师培训监督与评估工具)
考试要求	理论考试、试讲、自我性格分享与提升

注:1. 上课要求:为确保培训效果,主办机构根据申请讲师的经验及知识能力水平,通过 QQ 群、微信群等互联网社交平台建群,并将网络学习课程链接发送至学员群中,由授课讲师督促学员进行课前预习。提前一周发放学习资料,方便申请讲师提前进行自学,入学后对其进行考试。

2. 分组要求:主办机构提前一周发布分组链接,申请讲师依据分组结果建立本小组的交流群,完成融资和试销产品选取及进货的任务,培训中将有半天的试销环节。

3. 理论考试:培训第二天晚上进行理论考试,考试时间为 60 分钟,满分 100 分,60 分(含)以上为合格。

4. 试讲:参训讲师通过现场抽取顺序签、试讲题签,在规定时间内完成所抽取题目的准备及试讲。授课培训师及其他讲师对其试讲表现进行点评、评分,并填写《〈创业生存挑战——创业实训〉讲师培训试讲评分表》。试讲满分 5 分,4 分(含)及格。

3.3.3　创业实训讲师培训流程(见附图10-4)

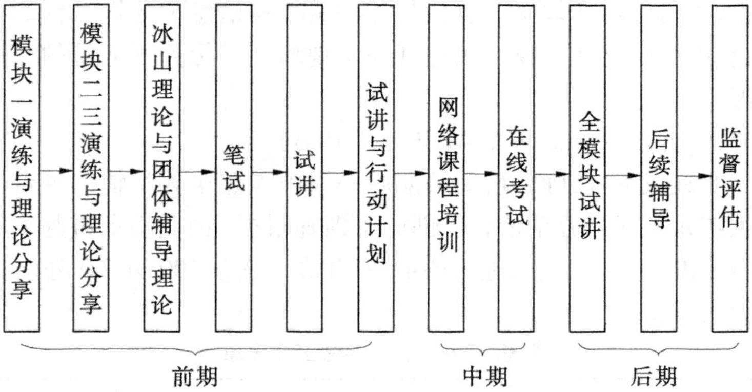

附图10-4　创业实训讲师培训流程

3.4　培训周期第四步——后续服务

1. 培训班结束1周内,上报省人社厅学员培训成绩,填写并提交《创业培训培训师授课意见反馈表》《评估评分表及结束评估表》《创业培训讲师培训班活动报告》。

2. 对合格的参训讲师进行大学生创业实训班跟班督导3次以上。

3.5　培训周期第五步——评估认证

1. 研发机构应依据讲师选评基本条件开设师资提高班,并进行进一步提高与考核。

2. 根据讲师培训班最终培训合格人数发放《创业生存挑战——创业实训》《创业实训讲师培训合格证书》。

3.6　培训周期第六步——监督与评估

监督与评估是指收集和评价关于创业实训培训活动在各层次的产出和效果信息,以此来评价创业实训培训活动效果的质量评估体系。监督是指收集和分析创业实训培训活动的连续和系统的过程,收集基础数据,为评估提供原始客观依据。评估是指定期对创业实训培训活动目标进行评价,以便确定项目实施的有效性、相关性、可持续性和效率。监督与评估是收集信息和分析数据的过程,目的是确定在完成培训计划和实现培训目标方面取得的进展情况。

3.6.1　监督评估工具表单(见附表10-6)

实践成果:讲师在培训结束后一周内需登录教学辅助平台管理系统录入成果分享信息。创业实训师根据《创业实训讲师成果评定标准》对实践成果进行评定,实践成果满分100分,60分(含)以上为合格。

附表10-6　监督评估工具表单

工具名称	作用	填写人	使用者	使用时间
创业实训师资班申请表	申请参加实训讲师培训班	培训机构申请讲师	培训机构	培训开始前(SIYB通用表单)
创业实训讲师面试问卷	选择参训讲师、培训需求分析、收集讲师个人基本情况信息	申请讲师	实训师	培训开始前
创业实训讲师筛选面试评分表	选择参训讲师	实训师	实训师培训机构	学员筛选和需求分析时
创业培训师资班设备教具清单	做好培训前筹备工作	培训机构	培训机构	培训开始前
师资培训标准课程表	提供标准课程安排	实训师培训机构	实训师培训机构	培训全程

续附表 10-6

工具名称	作用	填写人	使用者	使用时间
每日意见反馈表	评估参训讲师对当天培训的满意度	参训讲师	实训师 培训机构	每天培训结束(SIYB通用表单)
创业培训中期评估表	评估讲师对培训师授课满意度	参训讲师	实训师 培训机构	培训第4天结束时(SIYB通用表单)
创业实训师资培训示范教学评估表	考核试讲讲师的授课能力及效果	非试讲讲师、实训师	实训师	试讲期间
创业培训讲师行动计划表	制订培训后开展创业培训的目标方向及平衡轮和工作计划	参训讲师	参训讲师	培训结束时(SIYB通用表单)
培训师资班结束评估表	评估学员对整个培训课程的满意度	参训讲师	实训师 培训机构	培训结束时(SIYB通用表单)
创业实训师资班成绩单	登记参训讲师试讲、(笔试)成绩	实训师	实训师 培训机构	培训结束时(SIYB通用表单)
创业培训师资班活动报告	总结培训活动,收集参训讲师相关信息	实训师	实训师 培训机构	培训结束后(SIYB通用表单)

注:SIYB创业培训通用表单不在附表中备用。《创业生存挑战——创业实训》课程的创业实训师培训周期及技术要点参照人力资源和社会保障部创业培训师标准。

3.6.2 创业实训讲师监督评估工具表单(略)

1. 创业实训讲师面试问卷。

2. 创业实训讲师筛选面试评分表。

3. 创业培训师资班设备教具清单。

4. 师资培训标准课程表。

5. 师资培训标准课程表(提高班)。

6. 创业实训师资培训示范教学评估表。

4　《创业生存挑战——创业实训》课程的创业培训机构的选择技术参考要点

开展《创业生存挑战——创业实训》课程的创业培训机构是指经当地人力资源和社会保障部门认定,可开展创业实训并享受财政培训补贴的教育培训机构。为便于各地创业培训主管部门开展创业实训机构选择工作,本标准提出供参考的选择条件。

创业实训机构的选择条件(参考)见附表 10-7。

附表 10-7　创业实训机构的选择条件(参考)

机构资质方面	1. 具有独立法人资格,取得人力资源和社会保障部门的办学许可证; 2. 具有开办 SIYB 创业培训资质,具有从事大学生创业培训管理经验的培训机构优先; 3. 有 1 名及以上在职管理人员负责创业实训及后续服务的组织工作; 4. 内部管理规范,没有发生经查属实的重大投诉事件
创业培训方面	1. 至少有 3 名及以上获得《创业生存挑战——创业实训讲师培训合格证书》的全职或兼职讲师; 2. 符合创业培训机构教室及设备要求; 3. 有与创业培训合作的高校(中职、技校)机构并能顺利开展创业培训

续附表 10-7

后续服务方面	1. 注重服务效果，建立学员档案，定期评价培训和服务的效果，定期为培训学员提供后续跟踪指导及信息交流平台，帮助学员对接提升培训、创业孵化、创业融资等后续服务； 2. 具有5名及以上全职或兼职的创业服务与家（包括企业家、专家学者、创业或职业咨询资深从业者等），具有满足创业服务要求的活动场地及设备设施
相关协议	双方若无异议，签订《创业生存挑战——创业实训合作协议书》

5 《创业生存挑战——创业实训》教学辅导平台技术服务标准

创业实训教学辅助平台（简称创业实训平台），是指自主开发并拥有知识产权的服务于创业实训教学活动的平台系统，包括但不限于在线测评、学员（团队）管理、营销管理、结业考试、后续支持、在线学习等六个功能模块，且六个功能模块间实现用户账号互通。根据创业实训培训课程标准，拟定创业实训平台采购需求书关键技术点建议供参考，但具体要求由试点地区严格按照当地政府采购要求及创业培训实际需求拟定。

5.1 项目概述

5.1.1 开发原则

在教学辅助平台设计中，建议遵循以下开发原则：

1. 可扩展性原则。考虑网络扩展及平台二次开发等需要，基于创业实训平台数据库表结构，建议支持未来出现的新业务带来的数据种类、数据量及并发访问量的增长；支持新建业务系统或数据服务类型的不断增长和变化，并具有持续改进能力；软件可扩展、可更新。

2. 共享性原则。考虑到部指导中心即将开发创业培训工作管理系统，建议创业实训平台开发时与部指导中心创业培训工作管理系统实现互联互通、数据共享。在系统间数据交换过程中确保信息的不丢失、不重复、不被篡改，确保数据交换的安全、及时和准确。

3. 可靠性原则。创业实训平台设计、开发和应用时，建议从系统结构、技术措施、技术服务和维护相应能力等方面综合考虑，采用成熟、稳定、流行、先进的操作系统、数据库、网络协议、中间件等，确保系统较高的性能和较低的故障率。

4. 高效性原则。创业实训平台建议采用分布式架构，支持负载均衡，能够支撑当地创业实训培训工作的日常应用。软件设计科学化、专业化与简易化并重，保证用户操作的流畅快捷。

5.1.2　开发目标

由技术支持单位按照创业实训培训课程标准开发一套包括但不限于在线测评、学员（团队）管理、营销管理、结业考试、后续支持、在线学习等六个功能模块的创业实训平台，并向采购方提供平台后续技术支持服务。

5.1.3　开发内容（见附表 10-8）

附表 10-8　开发内容

模块名称	开发内容
在线测评	可以为学员推送指定的测试量表，用于配合并有效开展创业实训教学活动，提供简洁、高效的测试结果分析，为后续教学活动提供操作数据等
学员（团队）管理	显示学员基本信息并提供修改、完善功能；可根据学生性别、专业、年级及在线测评结果等数据进行自动创建团队等操作；提供团队成员分工设置、任务查看等功能

续附表 10-8

模块名称	开发内容
营销管理	提供一套可用于配合创业实训教学活动的模拟进销存管理系统,具有基本的进货管理、销售管理、存货登记等功能,在创业实训教学活动中为学员提供软件支持。可以模拟创业过程中的不确定情况(风险或机遇),为学员推送随机任务等。能在营销活动结束后,根据系统登记的数据自动计算营业额,利润计入团队成绩
结业考试	创业实训教学活动结束前期,开放结业考试,支持学员同时在线完成结业考试并给出提示信息。为学员推送期末评估表,可实现在线完成期末评估测试的功能
后续支持	为学员提供在线答疑、政策解读等后续支持服务,实时回复学员提出的各种问题
在线学习	针对课程活动中的重点内容,提供网上教学视频,方便学员提前了解或复习回顾使用,有助于更好地掌握教学重难点

5.2　功能建议(见附表 10-9)

附表 10-9　功能建议

模块名称	建议功能
在线测评	提供测试量表列表页,学员可以在列表中选择需要进行的测试量表并进入测评。测评结束后,给出简洁高效的测评结果(图文或图表形式)。 学员个人基本信息中,对测评结果进行实时登记

续附表 10-9

模块名称	建议功能	
学员（团队）管理	基本信息	实现学员基本信息的完善修改；测评结果在基本信息中实时显示。个人学习状态查看等
	团队组建	根据学生性别、专业、年级及在线测评结果等数据进行自动创建团队等操作
营销管理	信息管理	商品管理：实现供销系统内所有信息的管理功能，包括但不限于商品信息、商品库存、商品设置等
		商品信息：实现销售商品查询、店铺商品上传等功能，卖家可通过此功能查看所有可供销售商品的名称、图片、进货价、建议零售价和库存等
		商品库存：实现店铺商品库存更新、库存分配和自动更新设置等功能，从而了解商品库存情况，及时调整店铺库存数量
	订单管理	订单查询：实现店铺所有订单状态的查询，包括但不限于订单号、店铺订单、订单状态等
		订单录入：实现手动生成订单、自动生成订单和订单导入等
		订单统计：实现订单统计，了解店铺业绩
	店铺管理	实现卖家对店铺销售业绩、服务记录的管理统计功能
	财务管理	实现销售款项统计、预付款管理和供应商款项管理等功能，卖家可通过此模块对供应商的应付款项、应退款项、异常款项和保证金进行管理。方便卖家统计月销售额

续附表 10-9

<table>
<tr><th>模块名称</th><th colspan="2">建议功能</th></tr>
<tr><td>结业考试</td><td colspan="2">提供结业考试试卷,可支持 5 000 人同时在线考试。实时计算考试结果并给出成绩。学员可以选择是否重新考试</td></tr>
<tr><td>后续支持</td><td colspan="2">提供在线答疑列表,学员提出问题后,后台管理员可针对每一条问题给出一条或多条回复。提供创业政策的推送等</td></tr>
<tr><td rowspan="2">在线学习平台</td><td colspan="2">课程学习:实现用户在线视频观看、分享、做笔记等功能。视频内容以学员需求为导向,作为基础课程的延伸和必要补充</td></tr>
<tr><td colspan="2">视频管理:实现管理员对学习平台上视频和评论的添加、删除、查看、分类功能。为满足教学需求,可支持 5 000 人同时在线观看。视频数量不少于 500 个,并保持持续更新</td></tr>
<tr><td rowspan="6">培训管理系统</td><td rowspan="2">基础管理</td><td>通知公告:实现公告信息的查看、添加、修改、查询和发布的功能。公告信息可进行分类,重要信息可进行置顶设置</td></tr>
<tr><td>申请审批:实现申请的添加、提交、修改、申请审核(包括但不限于开班申请、考试申请、结班申请),及未通过的查看等功能。用户可根据实际需求个性化设置各类流程</td></tr>
<tr><td rowspan="4">系统管理</td><td>角色设置:具有不同操作权限人员的身份选择功能设置,有添加、修改、删除功能。建议角色包括主管部门(省级 - 市级 - 区县级)、培训机构、讲师、考评专家、学员 5 类</td></tr>
<tr><td>机构设置:上级主管部门对下级主管部门的管理功能权限,如省级主管部门可开设市级主管部门及培训机构账号,并设置权限</td></tr>
<tr><td>有添加、修改、删除功能。也可根据本地实际情况实现层级间从属关系调整</td></tr>
<tr><td>地区设置:主管部门对学员所在区域进行划分的管理设置,有添加、修改、删除功能</td></tr>
</table>

续附表 10-9

模块名称		建议功能
培训管理系统	系统管理	证件类型设置:主管部门对学员所持证件进行分类的管理设置(如学生证、失业人员登记证、残疾证等),有添加、修改、删除功能
		文化程度设置:主管部门对学员文化程度进行分类的管理设置,有分类添加、修改、删除功能
	课程管理	实现网络创业培训课程模块的添加、修改、删除和查询的功能,并同步于课程匹配的题库、证书模块设置
	培训班管理	班级管理:培训机构有新建、修改、删除学员班功能,并自动生成学员账号;主管部门审批后实现培训讲师派遣功能;主管部门有查看所有学员班情况(包括但不限于学员班信息、授课讲师信息、课程信息、证书、照片、报表及数据统计等)功能权限
		培训考核:实现学员在线考试的功能,包括但不限于在线理论考试、在线提交实践成果及网店规划书。理论考试可自动评分,学员点击交卷后直接显示该部分考试得分。主管部门根据实际需要添加、修改、删除题库和试题,并指定给本地区学员使用。此外,对学员考勤有评分、修改、查看功能
		监督评估:实时查看培训中、培训后各类工具表单信息收集统计,包括但不限于学员对讲师及培训机构、讲师对培训机构、培训机构对讲师的评估和意见反馈

续附表 10-9

模块名称	建议功能	
	师资管理	实现主管部门对本地学员班派遣讲师的审批、派遣、评估等功能。 与部中心创业培训管理系统对接,实现本地师资库管理功能
	证书管理	实现主管部门对学员证书的添加、修改、删除和查看的功能,并可一键生成打印培训结业证书。 与部中心创业培训管理系统对接,实现本地证书管理功能

5.3 技术及性能建议

建议平台整体采用 B/S(Browser/Server,浏览器/服务器)模式开发,B/S 模式又称 B/S 结构,它是对 C/S 模式应用的扩展;在这种结构下,工作界面可通过浏览器实现。用户可以通过 WWW 浏览器访问平台并完成业务逻辑对应的(一系列)操作;客户端除了 WWW 浏览器一般无须任何用户程序,在这种结构中,系统的升级和维护都只需要在服务端进行。

平台中的各个子系统间的交互和集成建议采用 REST 设计理念,即表述性状态传递,从而提高各个子系统的集成度和统一性,使整个平台无论从横向还是从纵向扩展功能都可以做到有机融合。同时,减少对具体的实现技术的依赖,即各个子系统分别根据自身的业务特点采用不同的技术和框架,并将使用的公共数据和元数据(META - DATA)通过可靠的在线信息传送渠道(TSL)和协议(HTTPS)实现传输和共享。需要在各个子系统内部和子系统间传递、共享的数据涉及的敏感部分(如密码、各类档案),可通过 Rijndael(AES)算法加密;涉及签名性质的数据和日志则使用 MD5

和 SHA1(Secure Hash Algorithm)单向散列算法取特征值,从而做到防篡改、防抵赖。

平台运行过程中的安全性和高可用性 H. A(High Availability)建议用以下方法实现:

1. 建立安全的防火墙(使用硬件或者 iptables 软件防火墙实现白名单或者黑名单制度)。

2. 建立高可用服务器集群,实现关键节点双机热备。

3. 在集群每个节点中部署负载检测和入侵检测系统。

4. 实施错误隔离策略,部署软件故障监测系统。

5. 存储资源实施每日增量备份,定期全盘备份。

5.4　后续支持服务(见附表 10-10)

附表 10-10　后续支持服务

操作系统	1. 服务器的配置优化。 2. 服务器重要配置文件定期备份。 3. 服务出现异常时的及时恢复。 4. 服务器日常打补丁。 5. 检测服务器是否在线、性能预警和安全预警(如内存占用过高,有不法的暴力破解程序在不停试密码;会有邮件或者短信提醒)
数据库	1. 恢复由已更新的或已删除的行占据的磁盘空间。 2. 重要数据的日常备份。 3. 万一系统失败时恢复数据库系统。 4. 日常的日志管理。 5. 超负荷预警和安全预警(如数据库连接过多,有死锁,磁盘/存储低于阀值;有邮件或者短信提醒)

续附表 10-10

web 服务器	1. 日志统计和分析。 2. 打安全补丁。 3. 版本升级。 4. 万一服务器出现不可访问的情况时，快速回复服务。 5. 检测 web 服务器的可用性、安全预警、超负荷预警（web 服务器连接数过多或访问时间突然变长，或者有入侵；有邮件或者短信提醒）
各子系统	1. 各子系统数据备份（全盘备份和增量备份）。 2. 各子系统功能的常规升级（调整或者改进）。 3. 各子系统出现极端情况的快速响应（快速解决）。 4. 各子系统权限的调整和基于权限的角色调整。 5. 各子系统中产生的统计数据的定时整理。 6. 各子系统实际应用中出现了前期未考虑到的其他需求或者业务流程的改进。 7. 各子系统性能的优化

6　相关表格

6.1　《创业生存挑战——创业实训》开班前准备清单（见附表 10-11）

附表 10-11　《创业生存挑战——创业实训》开班前准备清单

实训模式	培训时间	培训地点
实训助理及联系方式	（城市）院校	实训师及联系方式
实训教学辅助平台	网址密码	

续附表 10-11

种类	内容	要求	需要画“√”	数量	责任人	备注
场地	预定实训教室(设备清单)	教室面积能容纳60人。桌椅可以活动摆放,有投影、电脑				
教务资料	制作实训师名牌	简易的台卡		反复使用	购	教师工具箱
	制作学员名牌	胸卡60个或易可贴标志		反复使用	购	
	制作学员名牌内芯	60个		长期购	购	
	投影仪/投影屏幕	提前检测确认是否可使用		反复使用	购	
	麦克风/耳麦及音响设备	提前确认是否可使用		反复使用	购	
	实训师U盘、翻页笔	各1		反复使用	自带	
	白板/白板笔	白板笔:黑6支,红6支,蓝2支		长期购	购	
	筹码	一盒		反复使用	购	
	电源插座及插线板	能满足课堂上的所有人使用		反复使用	购	
	笔记本电脑和U盘	1~2台/个		反复使用	可自带	
	教学使用	大白纸20张		长期购	购	学生工具箱
		夹子5~10个		长期购	购	
		胶棒6支、宽胶带1卷		长期购	购	
		彩笔6盒		长期购	购	
		磁扣15个		反复使用	购	
		签字笔或圆珠笔60支		长期购	购	
	队旗、海报纸、帽子	各6个,帽子人手1顶		反复使用	购	
	储物箱子	采购6~12个,教师/学生各一		反复使用	购	
	奖励食品、奖品	奖励食品200元、奖品100元			购	

续附表 10-11

种类	内容		要求	需要画"√"	数量	责任人	备注
结班资料	学员手册		确认数量、上课前做好发放准备			购	资料箱
	创业实训总结		确认数量、第三天做好发放准备		印		
	入学登记表		60 份,人手 1 份		印		
	意见反馈表		120 份		印		
	考勤表		1 份,开班前准备好		印		
	学生花名册		1 份		印		
	结束评估表		60 份		印		
	评估评分表		1 份		印		
	TOE 结束活动报告		1 份		印		
	学生身份证复印件、照片		1 套		印		
	学校证明		1 套		印		
各模块任务手册	课程表		每班 1 份,课程表每次印		印		
	教学目标、竞赛记分表		每班 1 份			外印	
	模块一	职业性格评估量表	网站		印		
		小组会内容表	一套		印		
	模块二	市场营销模拟活动教具	一套				模块二教具
		供货商记账单	6 份				
		零售商进货单	18 份				
	模块三	融资协议一式三份	30 套,路演融资使用		印		
		贷款协议一式三份	15 套,贷款用必备		印		
		路演评估表	路演评估表 30 份		印		
		座签芯(投资人)	20 个,必备		印		
		座签芯(谈判席)	6 个,必备		印		
		座签芯(专家席)	10 个,依据实际情况使用		印		
		座签芯(领导席)	10 个,依据实际情况使用		印		
		座签芯(企业代表席)	10 个,依据实际情况使用		印		
		彩锦囊	1 套		反复使用		
		记账表	18 份(监督者、供货商、组长)		印		
	模块四	记账表	备用 + 网上使用				
		价值观测试	6 套或网站		印		
	模块六	游戏进程游戏包	1 份,必备		套		

6.2 《创业生存挑战——创业实训》课程表(见附表10-12、附表10-13)

附表10-12 《创业生存挑战——创业实训》课程表(一)

日期	时间安排	实训题目	教学目标
第一天	18:30～21:30	模块一 自我评估,团队组建	1.了解自身性格类型; 2.对自身职业兴趣进行评估; 3.结合测评结果,组建团队,定岗定责; 4.回顾GYB第三章内容
第二天	8:00～9:20	模块二 项目筛选,营销演练	1.了解创业项目的内容及产生方法; 2.筛选出适合自己的创业项目; 3.制订切实可行的市场营销计划; 4.回顾GYB第一章内容及预习SYB相关内容
	9:20～10:10	模块三 计划论证,融资路演	1.融资路演,对创业计划进行论证; 2.实践创业融资谈判; 3.简述蒂蒙斯三要素
	10:30～18:00	模块四 生存挑战,创业体验	1.挑战规则及活动安排; 2.创业真实体验; 3.价值观自我评估决定人们的自我认知; 4.回顾GYB第四章要求
	18:00～20:00	模块五 实战反思,自我完善	1.挑战过程回顾,总结反思; 2.如何正确看待创业; 3.回顾GYB第二章要求
第三天	8:00～9:50	模块六 角色定位,个性展现	1.理解经济学相关原理及概念; 2.对创业角色进行定位
	10:10～11:10	课程收尾	完成创业实训总结

附表10-13　《创业生存挑战——创业实训》课程表(二)

日期	时间安排	实训题目	教学目标
第一天	14:00～17:00	模块一 自我评估,团队组建	1. 了解自身性格类型; 2. 对自身职业兴趣进行评估; 3. 结合测评结果,组建团队,定岗定责; 4. 回顾GYB第三章内容
	18:00～21:00	模块二 角色定位,个性展现	1. 理解经济学相关原理及概念; 2. 对创业角色进行定位
第二天	8:00～9:40	模块三 项目筛选,营销演练	1. 了解创业项目的内容及产生方法; 2. 筛选出适合自己的创业项目; 3. 制订切实可行的市场营销计划; 4. 回顾GYB第一章内容及预习SYB相关内容
	9:40～10:10	模块四 计划论证,融资路演	1. 融资路演,对创业计划进行论证; 2. 实践创业融资谈判; 3. 简述蒂蒙斯三要素
	10:30～18:00	模块五 生存挑战,创业体验	1. 挑战规则及活动安排; 2. 创业真实体验; 3. 价值观自我评估决定人们的自我认知; 4. 回顾GYB第四章要求
	18:00～20:00	模块六 实战反思,自我完善	1. 挑战过程回顾,总结反思; 2. 如何正确看待创业; 3. 回顾GYB第二章要求; 4. 完成创业实训总结

6.3 《创业生存挑战——创业实训》创业实训总结(见附表 10-14)

附表 10-14 《创业生存挑战——创业实训》创业实训总结

姓名		性别		年龄		学历	
电话				邮箱			
培训地点		期次			培训讲师		
自我评估 团队组建							
市场营销 融资路演							
创业体验 实战反思							

续附表 10-14

<table>
<tr><td rowspan="2">评价产生的创业想法</td><td colspan="4">不足和差距</td></tr>
<tr><td colspan="4">改进方法和措施</td></tr>
<tr><td rowspan="3">个人素质提升</td><td></td><td>知识</td><td>技能</td><td>经验</td></tr>
<tr><td>不足和差距</td><td></td><td></td><td></td></tr>
<tr><td>技能改进方法和措施</td><td></td><td></td><td></td></tr>
<tr><td>教师评价</td><td colspan="4">□基本符合实训要求　□符合实训要求　□完全符合实训要求
年　月　日</td></tr>
</table>

6.4 直联班课程要求

为了保证创业实训课程教学效果，对 GYB 上课班级的前期教学有以下要求：

1. 在 GYB 班级中分组，全班 60 人，分为六组，每组 10 人，作为一个挑战团队。

2. 在课程中加入融资介绍，学生在课下自行融资，融资协议（实训方提供模板）及最终融资金额需在实训开课前的三天交给对接的实训老师。

3. 创业实训课程时间 18 小时（两天或三天），其中室外生存挑战时间安排为 10:30～18:00，共计 7 个半小时。

4. 生存挑战小组要在实训课前准备好创业生存挑战项目的产品或服务（提前一天），完成进货后完善进货清单，实训开课半小时前交给实训老师。

5. 在 GYB 授课教师，要建立班级微信群，并提供群二维码给实训老师。

6. 实训班级要保持原 GYB 班级人员不变动。

7. 实训规则：

（1）所有参赛人员分为每 10 人一组。

（2）活动过程中的各团队必须守时，不得迟到。

（3）活动过程中不得中途退出。

（4）活动过程中注意自己的言行举止，遵章守法，不得妨碍正常校园秩序。

（5）各参赛人员需带上身份证、学生证等有效证件。

（6）挑战前，每个小组按融资金额准备好本组产品或服务。

（7）真实体验创业的艰辛，不得投机取巧。

（8）生存挑战时间为 10:40～17:40，各团队须在 18:00 时前准时赶回培训教室。

（9）挑战成绩以利润多少来计算，利润最多的一组获胜（不含本金及利息,库存货品按进价的60%折算现金)。

(10)确保团队及个人的安全。

8. 注意事项:各组各自组织进货,不允许销售以下产品:

(1)烟、酒或含酒精类的饮料。

(2)辣条。

(3)三无产品或过期、临期、变质产品。

(4)其他违反校规校纪的产品。

6.5 《创业生存挑战 – GYB + 创业实训》优秀团队评分标准(见附表10-15)

附表10-15 《创业生存挑战 – GYB + 创业实训》优秀团队评分标准

项目		内容	标准	解读
创业实践	团队组建	组建	团队分工合理,运行高效	有团队分工一览表(1分)、职责合理清晰、岗位设置符合人职匹配要求(1分)
		团队LOGO设计精美	团队名称响亮(1分)、LOGO设计精美(1分)	GYB评定: 1. 团队名称响亮,能体现团队的积极向上文化内涵和愿景。 2. LOGO在半张纸(1号图纸大小841 mm×594 mm)上设计,寓意鲜明,美观、易记、视觉冲击效果明显,感触深刻。 3. 评委集体评价确定得分

续附表 10-15

项目		内容	标准	解读
创业实践	创业项目产生	头脑风暴产生项目过程完整	产生过程规范(1分)、产生所有想法有资料(0号图纸上书写)(1分)、有产出(1分)	1. 产出想法数量足够多。 2. 图表美观、清晰、有创意。 3. 能结合学校实际产出5个以上想法
		调查创业地区企业	有调查一览表(1分)、有想法产出2个以上(1分)	1. 有调查企业一览表,调查准确翔实。 2. 能产出想法2个以上
		调查创业地区环境	有调查一览表(1分)、有想法产出2个以上(1分)	1. 有环境调查一览表,调查准确翔实。 2. 能产出想法2个以上
		利用问题或经验	罗列团队成员亲历的问题或经验10条以上(1分),有产出(1分)	1. 有问题或经验一览表。 2. 能产出想法2个以上
		利用互联网	通过互联产生想法2个(1分),形成企业想法一览表(1分)	1. 浏览互联网产生想法2个以上。 2. 最终形成企业想法一览表
	项目筛选	四维评估	筛选企业想法一览表(1分)	一筛:对已有的想法进行筛选,有筛选说明
		实地调研	筛选企业想法一览表(1分)	二筛:通过实地调研进行筛选,有筛选理由

续附表 10-15

项目		内容	标准	解读
创业实践	项目筛选	SWOT 分析	对产出项目进行分析(1 分)	三筛:对产生想法进行 SWOT 分析,有分析报告
		环境评估	分析准确(1 分)	四筛:对产生的想法进行环境评估,说明影响的因素及解决措施
	项目产出		项目符合实际,切实可行,创意新颖,满足顾客需求	产出我的创业想法分析书(2 分)
	创业融资	论证	融资真实可靠、符合创业规模要求、收益大于成本	融资额度符合项目规模(1 分);路演效果突出,有投资人融资(1 分)。 有融资路演 PPT,制作精美加 2 分
	课堂表现	表现	每阶段按时完成课堂任务	每个环节 6 个筹码,奖前三名每个筹码 1 分
			积极参与,回答问题	每个环节 3 个筹码,每个筹码 1 分
			团队课堂出勤情况	每个出勤环节 6 个筹码,奖前三名每个筹码 1 分
			团队活动参与率、积极程度	前三名 6 个筹码每个筹码 1 分
	进货环节		无违纪、违规产品,无三无产品	

续附表 10-15

项目		内容	标准	解读
创业实践	预演	创业能力评估	自我定位(准确了解自我)	制作胸卡精美1分
		营销演练,制订计划	项目齐全、逻辑清晰、可操作性强、有示范价值	项目齐全1分、分析论证证据可靠1分
	能力挑战	销售与成本预测	预测准确、囤货规模合理	制订销售计划加1分、销售计划预测准确加1分、囤货规模合理加1分
		市场营销策略	市场定位策划准确、创意符合顾客需求	有市场营销计划加1分、市场营销策略恰当1分
		利润计划	销售利润科学合理、销售净利润高	(手中现金+库存进价×60% - 折旧 - 利息 - 本金 - 融资)÷10 = 得分
		账目管理	账目管理清晰、上报销售数据准确及时	账目管理清晰加1分、上报销售数据准确及时加1分
		创业心态	心态积极向上、有韧性、坚忍不拔	创业心态积极、有韧性、坚忍不拔加1分
		创业反思	反思深刻真切,能发现个人和团队优点和缺点	1. 监督员PPT精美2分。 2. 每人反思优缺点各5条2分。 3. 每人反思发群内分享1分

续附表 10-15

项目		内容	标准	解读
创业实践	总结	能力提升	能通过活动演练挖掘自己潜在的创业价值观取向，树立正确的人生价值观	1. 活动得分（课堂表现 4 分）。 2. 每人书写 100 字反思发到群内分享 1 分
		总结	认真总结本次实训各模块收获	书写翔实，规范整洁，是本人真实体会 1 分
		课堂表现	1. 每阶段按时完成课堂任务	每个环节 6 个筹码，奖前三名每个筹码 1 分
			2. 积极参与，回答问题	每个环节 3 个筹码，每个筹码 1 分
			3. 团队课堂出勤情况	每个出勤环节 6 个筹码，奖前三名每个筹码 1 分
			4. 团队活动参与率	前三名 6 个筹码，每个筹码 1 分

6.6 《创业生存挑战——创业实训》项目教师培训班申请表(见附表 10-16 ~ 附表 10-18)

附表 10-16 被面试人基本信息

<table>
<tr><td>姓名</td><td></td><td>出生年月</td><td></td><td rowspan="4">照片</td></tr>
<tr><td>性别</td><td></td><td>身份证号</td><td></td></tr>
<tr><td>工作单位</td><td></td><td>职称/职务</td><td></td></tr>
<tr><td>电话/传真</td><td></td><td>联系电话
(手机)</td><td></td></tr>
<tr><td colspan="3">创业培训(SIYB)讲师
培训合格证书编号</td><td colspan="2"></td></tr>
<tr><td colspan="2">您的学历情况?
□博士
□硕士
□大学本科</td><td colspan="3">您还取得过何种其他有关专业资格证书?
1.
2.
3.</td></tr>
</table>

附表 10-17 个人分析

简述您作为创业实训讲师的主要优势和不足:
如果您有创业经历和团体辅导经历,请简单描述:

附表 10-18　培训需求

您希望在创业实训讲师培训班期间重点学习哪些内容：

□创业实训理论、方法、工具　　　　□沟通互动方法

□创业实训知识与实操技能

□创业实训教学辅助平台使用技巧

□其他需求，请说明：＿＿＿＿＿＿＿＿＿＿＿＿＿＿

您对自己掌握的创业实训知识如何评价？

内容	自我评价			是否需要提高？	
	较差	一般	较好	是	否
创业理论体系					
性格分析					
职业价值观与霍兰德职业兴趣					
团体辅导理论体系					
自我认知及教学辅助平台的使用					

申请人声明：

我保证在本申请书中提供的有关我个人的信息真实而准确。如果我入选了创业实训培训讲师培训计划，我声明决心参加为期 8 天的创业实训讲师培训班全部培训活动。在讲师培训班结束后，我将在我服务的培训机构的指导下，在我市（或省）级创业主管部门的协调下，严格按照创业实训技术标准开展相关活动。

学员签名：　　　　　　　　　　　　日期：　　年　月　日

续附表 10-18

<table>
<tr><td colspan="5">所在单位推荐意见：

负责人签名(盖章)：　　　　　　日期：　/　/</td></tr>
<tr><td colspan="5">主管部门审批意见：

负责人签名(盖章)：　　　　　　日期：　/　/</td></tr>
<tr><td rowspan="2">面试人填写：</td><td>培训经历(15%)
得分：</td><td>相关团体辅导及创业知识(20%)
得分：</td><td>性格、价值观及职业兴趣实操经验、能力(45%)
得分：</td><td>时间承诺保障(20%)
得分：</td></tr>
<tr><td colspan="4">总分：　　　　　　面试人签字：</td></tr>
</table>

6.7　创业实训讲师培训班面试评分表(见附表 10-19)

附表 10-19　创业实训讲师培训班面试评分表

面试学员姓名:____________

请在对应分值处打√	5 分	4 分	3 分	2 分	1 分	备注
面试评分						
讲师经验						
创业经验						
团体辅导经验						
封闭式讲师培训时间保障						
未来学员培训授课时间保障						
职业能力评估						
对本次师资班的期望和建议:						

备注:面试时长 5 分钟左右。

总分:________________　面试人员签字:________________

6.8 《创业生存挑战——创业实训》项目讲师培训班课程表（见附表10-20、附表10-21）。

附表 10-20　创业实训现场授课课程表

时间		内容	主讲人
第一天	08:30－10:00	实训教学方法及课程设计理念	
	10:20－11:50	团体辅导原理	
	14:30－17:30	项目推介、模块一（模拟授课）	
第二天	08:30－10:00	模块一设计原理	
	10:20－11:50	课堂上的特殊情况应对方法	
	14:30－16:10	模块二（模拟教学）	
	16:30－17:30	模块三、四（模拟教学）	
	19:30－20:00	指定产品小规模试销	
第三天	08:30－10:30	模块二、三、四课程设计原理	
	10:50－11:50	GYB 理论学习	
	14:30－17:30	模块五、六（模拟教学）	
第四天	8:30－11:50	模块五、六课程设计原理及活动分享	
	14:30－15:30	创业实训小组会分工	
	15:50－17:30	模块六升级版	
	17:30－18:00	试讲抽签	培训师
第五天	8:30－17:30	学员复习和试讲备课	
	19:00－20:00	创业实训考试	培训师
第六天	8:30－11:50	学员试讲、培训师点评	培训师
	14:30－17:30	学员试讲、培训师点评	培训师
第七天	8:30－11:50	学员试讲、培训师点评	培训师
	14:30－17:30	学员试讲、培训师点评	培训师

注：上课时间：上午 8:30－11:50，下午 14:30－17:30。

附表 10-21 网络授课课程

授课时间	授课内容	授课时间	授课内容	授课时间	授课内容	授课时间	授课内容
开课一周前预习(30分钟)	SIYB 创业培训理论(回顾)	开课一周前预习(30分钟)	霍兰德理论	结课后一周内复习(30分钟)	冰山理论	结课后一周内复习(30分钟)	运用 MBTI 进行小组分工
开课一周前预习(30分钟)	舒伯生涯理论	开课一周前预习(30分钟)	蒂蒙斯理论	结课后一周内复习(30分钟)	职业锚	结课后一周内复习(30分钟)	萨提亚理论
开课一周前预习(30分钟)	MBTI 理论	开课一周前预习(30分钟)	经济学原理	结课后一周内复习(30分钟)	大五人格理论	结课后一周内复习(30分钟)	职业价值观理论

6.9 《创业生存挑战——创业实训》讲师培训班试讲评分表(见附表 10-22)。

附表 10-22 《创业生存挑战——创业实训》讲师培训班试讲评分表

试讲人:　　　　　　　　　　　　得分:

问题		分数				
请选择一个打"√"		5	4	3	2	1
1. 授课结构						
1.1	是否基础地介绍了本课程要讲的内容?					
1.2	是否清楚地介绍了本课程的教学目的?					
1.3	是否解释了学习本课程的重要性?					
1.4	是否在课程结束时,对课程的要点作了总结?					
1.5	是否达到教学目的?					
1.6	时间安排是否恰当和准时?					
2. 授课内容的逻辑体系						
2.1	授课内容安排是否正确合理?					
2.2	课程讲授步骤是否合乎逻辑?					
2.3	课程重点与难点讲解是否清晰?					
3. 激励						
3.1	试讲过程是否有效地使用了视觉教具?					
3.2	试讲过程是否使用了参与性培训方法?					
3.3	是否使用了实际的案例来说明学习的重点?					

续附表10-22

问题		分数				
请选择一个打“√”		5	4	3	2	1
4. 移动、目光交流、面部表情、表达						
4.1	移动					
4.2	目光交流					
4.3	面部表情					
4.4	表达(如语速、语调控制)					
4.5	非语言表达					
5. 创业实训相关理论						
5.1	创业实训相关理论表述是否专业?					
5.2	创业实训相关理论展现是否到位?					
5.3	示范演示是否熟练?					

6. 试讲教师在哪些方面表现出色?

7. 试讲教师在哪些方面还需要继续提高?

续附表 10-22

8. 你对试讲教师的总体评价。
9. 你还有任何其他意见或建议吗？

附件十一　《创业生存挑战——创业实训》标准（试行）

随着我国进入新时代，在“互联网＋”时代背景下，创业创新已成为推动发展的强大动力，成为扩大就业的有力支撑，稳增长保就业的重要基础。多年来，创业形势日趋多样化，不确定因素日益增多，更多的潜在创业者更加需要实战的体验和练习增强创业能力。为了能使创业者深刻领会创业的内涵，充分激发学员的创新创造意识，我机构组织专家开发了旨在增加创业者创业实战体验的《创业生存挑战——创业实训》课程。

本课程重在引导学员独立思考体验创业过程，从而增强对创业知识的理解。而作为创业实训师则要将自己置于“局外人”角色，来观察学员在组建的创业团队、项目选择、整合资源、市场调研评估、产品营销等过程中可能出现的问题，引导学生进行反思，寻找不足和欠缺。在学员“试创业”中查找问题并反思之后，创业实训培训师围绕马兰花创业培训之《产生你的企业想法》核心理念，结合创业者比较容易出现问题的环节提出专业化指导建议，从而帮助创业者梳理出一条比较清晰的创业思维和具体可行的企业想法。

为切实达到实训教学培训课程的教学目标要求，规范教学、师资及办班机构的教学行为，我们专门制定了实训课程标准。本标准为开展创业实训课程试点工作，以及创业培训机构、创业实训师资、组织创业培训活动提供了详细的基本技术要求。

一、创业实训概述

（一）总体目标

通过深入推进大众创业、万众创新，培育全社会创业创新文化，提升中小微型企业创新发展能力，创造更多就业机会，有效强化中国马兰花创业培训效果。

(二)直接目标

紧扣《产生你的企业想法》理论的实践性,将创业培训室内的模拟演练移步到大学校园(户外),利用公共资源辅以教师的理论指导,强化创业理论实践,帮助劳动者学会识别市场机会,完成创业构思,并验证创业构思的可行性。

针对大学生经验不足现状,设计出一套适合大学生的创业途径(见附图 11-1):

《产生你的企业想法》
理论+模拟

↓

《创业生存挑战——创业实训》
试创业+模拟+理论指导

↓

《创办你的企业》
理论+模拟

↓

入驻创业孵化园
试创业

↓

真正创业

附图 11-1　创业途径

(三)创业实训培训原则

1. 以创业需求为目标,重点面向大中专学生。

尊重创业创新规律,切实解决大学生创业者面临的创业中理论与实际联系性不强的问题,重点针对在校大学生开展有针对性的培训课程和后续指导服务。

2. 以培训效果为目标,完善大学生马兰花创业培训体系(见附图 11-2)。

附图 11-2　创业培训体系

根据相关理论,实践过程包括具体体验、反思观察、抽象概括、行动应用四个过程,在具体感知获得相关体验后,理论指导与反思观察相结合,通过顿悟的过程,能使学习者得出对创业理论的抽象概括,从而变成自己的创业技能指导实践。

《创业生存挑战——创业实训》作为创业意识培训的完善和补充,旨在强化创业培训的实效性、连续性和系统性,加强创业培训质量管理与效果评估体系建设,强化创业培训后的创业实践体验与指导,实现创业技能的提升。

二、知识和能力要素

《创业生存挑战——创业实训》是紧紧围绕马兰花创业培训项目——创业意识(GYB)培训部分而开发的后续“试创业”项目。该项目主要是根据大学生特点,通过模拟或创建真实的实训情境,使学员在学习分析市场、制订计划、营销策划、组织销售、财务管理等一系列知识的基础上,深刻领悟企业经营和管理的基本规律,产生更有效的企业想法,实现全面提升学员创业能力的目标。

《创业生存挑战——创业实训》培训课程对应的是本标准的知识和能力要素中的创业准备阶段。

1. 培训对象。

本课程主要适合具有创业意愿的在校大(中)学生,没有具体创业思路的学员。

2. 培训目标。

针对学员通过创业意识培训后对创业知识了解却没有实践经历,对自我认知不够清晰,定位不准等问题,通过“试创业”的学习使学员更深入体会创业意识培训所传递的知识技能。

3. 培训内容及要点。

(1)自我评估,团队组建,回顾创业意识第三章产生创业想法,利用 MBTI 和霍兰德测评工具分工组团,并使团队产生在校园中的创业项目。

(2)项目筛选,营销演练,回顾什么是企业想法、市场营销、4P 理论、成本核算,利用室内模拟实战指导相关概念的具体运用。

(3)计划论证,融资路演,引出蒂蒙斯创业三要素概念,了解创业者在创业过程中将要做的几件任务。

(4)创业体验,生存挑战是课程的教学核心,通过户外实战的试创业,对学员语言表达能力、沟通能力、心态把控能力、心理承受能力、应变能力、销售能力等创业能力、创业素质进行全面考察,帮助学员回顾反思创业意识第四章,筛选并分析最好的企业想法。

(5)实战反思,自我完善,回顾创业意识第二章确定自己是否适合创业及如何提升;教师利用萨提亚技术来提升学员内在动力,调整他们的创业能力。

(6)学习经济学原理及职业价值观,确定作为创业者的角色定位、个性展现,培养创业者企业家精神。

4. 培训学时。

每学时 45 分钟,共计 24 学时。

三、组织实施要求

(一)参与培训主体

(1)学员。

主要面向有创业意愿,且已有具体创业项目构思的潜在创业者。重点是针对大中专高校学生。

(2)培训管理者和组织实施者。

各地人力资源社会保障系统创业培训主管部门为该项目的培训管理者,按照项目组织实施规程要求的条件和流程选择创业培训机构作为培训组织实施者,并对培训全过程进行监督评估。创业培训机构应按照组织实施规程,具体承担制订培训计划、组织学员、开班筹备、跟班服务、组织结业、全程监督评估、提供后续指导服务等任务。

(3)培训师资。

《创业生存挑战——创业实训》课程的培训师资是参加由人力资源和社会保障部门统一组织的《创业生存挑战——创业实训》课程师资培训,并通过考核的人员。培训师资应严格按照该项目组织实施规程开展创业培训和指导。

(二)培训形式和方法

《创业生存挑战——创业实训》培训课程采取 60 人班课堂教学,教学采用全程互动式参与、沙盘演练,以及讲授、示范、练习及分组讨论、案例分析、实战演练等多种培训方法。

(三)培训过程管理

(1)课程推介。

通过线上、线下的各种有效宣传推介方式,向潜在的培训目标群体推介《创业生存挑战——创业实训》培训,从而吸引其关注并产生参加培训的意愿。

(2)选择并确定学员。

课程推介后,培训机构利用《学员入学登记表》等专业工具表单,根据《产生你的企业想法》选择学员的标准和流程,结合潜在培训对象的培训意愿和创业能力,筛选出能够从《创业生存挑战——创业实训》培训中受益的大中专学生群体。

《创业生存挑战——创业实训》选择学员标准:

①有强烈的创业意愿,虽没有具体创业项目构思,但有创办企业的想法;

②具备参加培训的条件;

③全程参与培训的时间保障。

(3)培训需求分析。

实训师资通过面试及培训需求调查问卷,分析学员的培训目标和需求,从而更有针对性地设计课程,制订教学计划。

同时,实训师资应与培训机构及时沟通,确保培训组织和后勤保障提供相应服务。

(4)培训教学组织。

①场地设备:便于移动的桌椅呈“岛”形摆放;投影仪、幕布、白板、话筒、笔记本电脑等。

②教具学材:学员每人一套《创业生存挑战——创业实训》教材。

③师资安排:每班由 2 名《创业生存挑战——创业实训》认证师资共同授课。

④培训考核:对于违反考勤要求的学员取消培训机会。考核时,要求每位学员提交自己的《创业实训总结》。

通过考核的学员可获得《创业生存挑战——创业实训》培训合格证书。

(5)后续指导服务。

培训结束后，为使培训效果最大化，并取得持续稳定的学员满意度，培训机构和培训师资将对学员开展后续指导服务，包括：

①为学员提供《开办你的企业》创业培训、企业诊室、改善企业小组、个人咨询等后续支持服务，促进学员从创业理论学习向创业实践的转化。

②组织创业沙龙、创业大讲堂等活动；推荐学员参加适用的其他创业培训课程；为学员对接或提供孵化、融资等各类创业服务。

（四）质量控制及效果评估

为保证培训开展的质量和效果，培训主体需要利用专门的工具表单进行涵盖培训前、培训中和培训后全过程的监督与评估。《创业生存挑战——创业实训》课程培训效果评估包括反应评估、学习评估、行为评估、结果评估四个方面。

（1）反应评估。

培训中通过每日意见反馈表、期末评估表等工具表单及日常的观察、沟通收集学员对培训内容、培训形式、培训保障等方面的理解和反馈。

（2）学习评估。

为了解学员在态度、知识、技能、行为等方面的收获，通过撰写《创业实训总结》和结业考试对学员学习效果进行评估。

（3）行为评估。

评测学员在《产生你的企业想法》培训中所学到的知识技能的转化程度：包括在产生企业想法方法掌握情况、确定自己是否适合创业自我评估情况、参加创业培训之《开办你的企业》和开办创业的应用四个方面，通过提供电话回访、实地走访、重点学员案例收集等形式，并通过创业培训后续支持服务活动报告的填写来完成行为评估。

（4）结果评估。

创业培训班的结果评估是各地人力资源和社会保障部门创业

培训管理机构采取的最终评估方式，一般在学员培训后一年内通过访谈、问卷、数据调查等形式收集学员学会产生企业想法方法、创业能力提升程度、《开办你的企业》培训转化率、开办企业率，经分析评估，得出创业培训的实际效果。

该项目由创业培训师、高校教师、企业家联合开发。2016年经河南省人力资源和社会保障厅批准运行，已培训学员1万余人，分布在河南省郑州、新乡、焦作、鹤壁等地市，受到学生好评；《创业生存挑战——创业实训项目》获得2017年度河南省大中专院校就业创业研究一等奖，并基于此项研究于2018年获得河南省重点研发与推广专项（软科学）课题《大学生企业家精神塑造的路径方法研究》。